위탁운용의
Plan, Do & See

시리즈 I
위탁 운용의 Plan, Do & See

초판 1쇄 발행 2023년 08월 18일

지은이 손승완
펴낸이 장현수
펴낸곳 메이킹북스
출판등록 제 2019-000010호

디자인 최미영
편집 최미영
교정 강인영
마케팅 안지은

주소 서울특별시 구로구 경인로 661, 핀포인트타워 912-914호
전화 02-2135-5086
팩스 02-2135-5087
이메일 making_books@naver.com
홈페이지 www.makingbooks.co.kr

ISBN 979-11-6791-412-5(03320)
값 20,000원

ⓒ 손승완 2023 Printed in Korea

잘못된 책은 구입하신 곳에서 바꾸어 드립니다.
이 책의 전부 또는 일부 내용을 재사용하려면 사전에 저작권자와 펴낸곳의 동의를 받아야 합니다.

홈페이지 바로가기

메이킹북스는 저자님의 소중한 투고 원고를 기다립니다.
출간에 대한 관심이 있으신 분은 making_books@naver.com으로 보내 주세요.

위탁 운용의
Plan, Do & See

손승완 지음

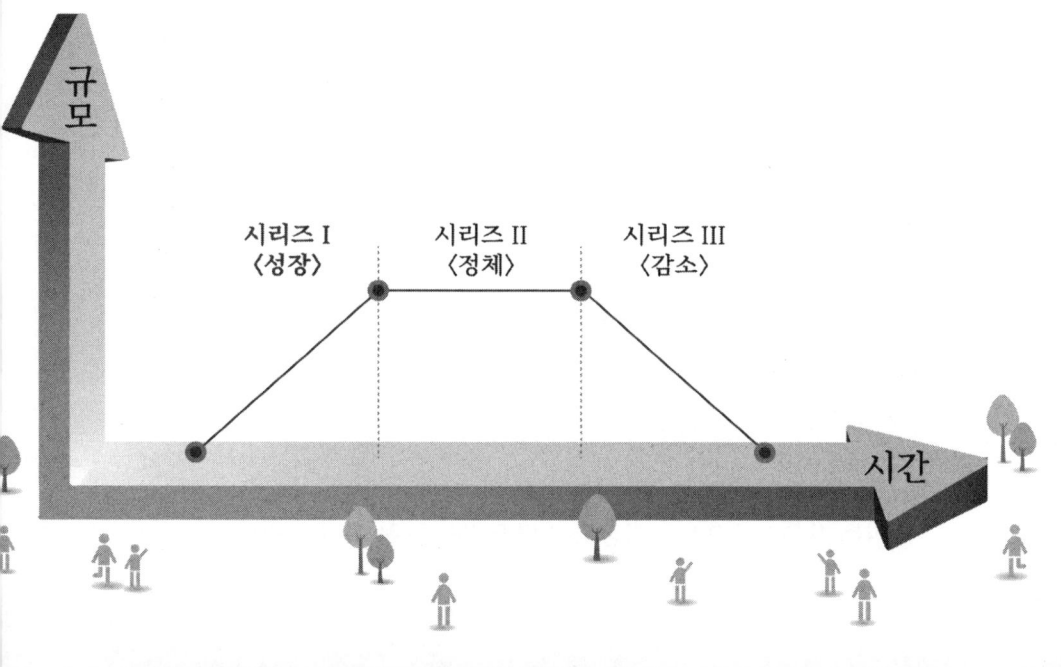

시리즈 I 위탁 운용 규모가 성장하는 단계
시리즈 II 위탁 운용 규모가 정체하는 단계
시리즈 III 위탁 운용 규모가 감소하는 단계

메이킹북스

책을 시작하며

　특정한 목적을 가진 기금과 퇴직 연금 등의 운용 규모가 지속적으로 증가함에 따라 투자 목적에 적합한 위탁 운용 체계 수립과 적용 방안의 마련은 중요합니다.

　각자의 특정한 목적을 보유한 기금(= 운용 자금)이라는 특성을 고려하면 '최고 수준의 위탁 운용 체계란 이것이다'라고 특정할 수 없습니다. 다만, 위탁 운용 담당자는 투자 기관(= 기금 등)의 투자 목표와 운용 규모 등을 고려하여 위탁 운용 체계를 마련하여야 합니다.

　위탁 운용이 존재하는 이유는 투자 기관이 목표하는 투자 전략을 구현할 수 있는 투자 수단 중 하나로 위탁 운용을 활용할 수 있기 때문입니다. 그러므로 위탁 운용은 사전에 투자 기관 전체의 투자 목표가 마련되고 그 투자 목표를 달성하기 위한 위탁 운용의 목표와 역할이 배분되어야 합니다.

　우리는 다음과 국민연금기금의 적립금 추이를 본 적이 있습니다.

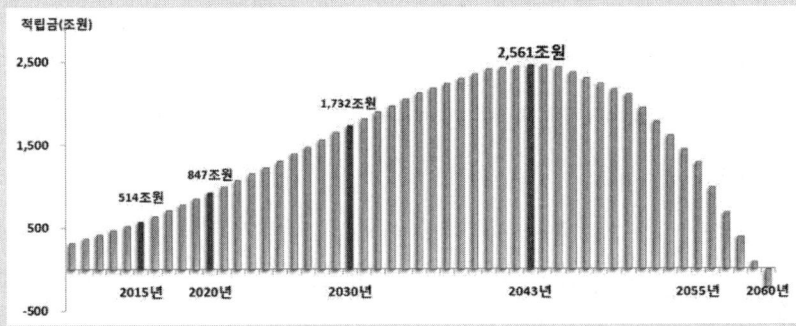

[자료: 국민연금장기재정추계(2013년), 국민연금연구원]

출처: #온:국민연금 BLOG, 2017년 7월 5일
URL: https://m.blog.naver.com/PostView.naver?isHttpsRedirect=true&blogId=pro_nps&logNo=221044338667

    국민연금기금 적립금의 예상 추이는 2043년에 최고점을 찍고 그 이후로 감소세를 보이는 예상도입니다.

    투자 기관이 관리하는 기금 등의 운용 규모 변동 추이는 다양할 수 있으나, 초기 소규모로 출발한 운용 규모는 일정 기간 후 최고점을 찍고 감소하는 과정은 국민연금기금 적립금 추이와 유사할 수 있습니다.

    위탁 운용의 방식과 체계는 투자 기관 전체 및 위탁 운용 규모에 따라 차이가 발생할 수 있으므로 위탁 운용 담당자는 운용 규모 증가 속도보다 한발 앞선 준비가 필요합니다.

책을 시작하며

기금 등의 운용 규모가 성장, 정체 그리고 감소하고 소멸하는 과정을 고려하면, 운용 규모 변화에 따라 위탁 운용 체계는 3가지의 모습을 고려해야 합니다.

이를 고려하여 총 3개 시리즈로 단계별 고려 사항과 쟁점들을 다룰 예정입니다.

· 시리즈 I. 위탁 운용 규모가 성장하는 단계
· 시리즈 II. 위탁 운용 규모가 정체하는 단계
· 시리즈 III. 위탁 운용 규모가 감소하는 단계

이 책은 시리즈 I인 위탁 운용 규모가 성장하는 단계의 고려 사항과 쟁점들로 구성하였습니다.

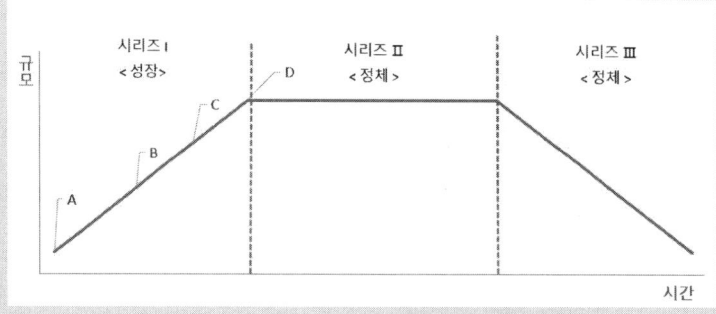

A점에 머물고 있는 위탁 운용 담당자에게는 위탁 운용 규모 증가를

경험하지 않은 한계점을 안은 상태에서 위탁 운용 규모 증가를 대비한 위탁 운용 체계를 사전에 마련해야 한다는 점은 매우 까다롭고 도전적인 과제입니다.

다만 기금 등의 운용 규모의 증가 추세를 예상할 수 있는 상황이라면, A점에서 B점으로 증가하는 경우, 위탁 운용 담당자는 B점까지를 대비하는 것이 아닌 C점까지 준비하고, 운용 규모가 정체하기 시작하는 D점까지 고려할 수 있는 위탁 운용 체계를 수립하는 것이 시장 변동의 대응력과 관리의 효율을 확보할 수 있습니다.

위탁 운용 규모가 소규모에서 대규모로 성장이 예상된다면 투자 기관은 우수한 운용 역량을 보유한 위탁 운용사를 선정하여 자금을 집행할 수 있고, 활용 가능한 풍부한 투자 자금은 시장 변화에 적극적으로 대응할 수 있어 기대하는 성과를 달성할 수 있는 가능성이 높아지는 유리한 투자 환경을 만들 수 있습니다.

그러나 위탁 운용 규모가 대규모로 증가하면 우수한 역량을 가진 위탁 운용사는 이미 다 선정하여 활용할 수 없고, 과거 우수하다고 믿고 선정하였던 위탁 운용사는 시간이 지남에 따라 기대와 다른 모습을 보이는 경우가 발생합니다. 또한 위탁 운용사의 운용 규모와 수가 계속 증가하면 종목 간 중복 투자, 수익 추구 중심의 위탁 운용 전략으로 전체 포트폴리오의 쏠림 현상 발생은 초과 수익은 감소하고 운용 비용은 증가는 비효율이 증가할 수 있으므로 사전에 운용 규모 증가에 대비한 위

책을 시작하며

탁 운용 체계 마련과 관점의 변화가 필요합니다.

위탁 규모가 대규모로 증가할수록 다음과 같은 관점의 변화가 필요합니다.

① 우수한 운용 역량을 갖춘 위탁 운용사 선정에서 위탁 운용 전략에 적합한 위탁 운용사 선정으로

② 위탁 운용사가 달성한 운용 성과를 획득하는 수동적인 자세에서 시장 변화에 대응할 수 있는 위탁 운용 전략 수립과 이에 상응하는 위탁 운용사를 활용하는 적극적인 자세로

③ 과거 달성한 운용성과 중심의 평가에서 운용 철학, 인력, 운용 과정 및 성과를 종합적으로 평가할 수 있는 체계로 변화하게 됩니다.

그러나 위탁 운용 담당자의 입장에서 아직 가 보지도 않은 길을 예측하고 지도를 그려야 한다는 점은 매우 도전적이고 험난한 과제이며, 이러한 역경은 '대안별 견적 계산과 비교'로 해결의 실마리를 찾을 수 있습니다.

시리즈 I은 총 3장(Plan, Do, See)으로 구성하여 위탁 운용 규모가 성장하는 상황에서의 고려할 수 있는 쟁점들을 검토하였습니다.

제1장 Plan의 쟁점

① 위탁 운용의 Plan을 수립하는 목적과 고려 사항, 직접 운용과 위탁

운용 간의 선택, 위탁 운용 전략의 수립에 대하여 다루었습니다.

② 제1장에서는 투자 기관 전체의 투자 목표와 위탁 운용이 부여받은 투자 목표와 관계 그리고 위탁 운용에 부여받은 투자 목표와 하위 위탁 유형 투자 목표와 관계 설정에 많은 비중을 할당하였습니다.

③ 특히 위탁 운용의 투자 목표와 하위 위탁 유형의 투자 목표의 관계 설정은 Top Down 방식으로 전체와 하위 투자 목표 간의 분해와 조립의 필요성과 중요성을 강조하였습니다.

④ 첫 단추를 잘 꿰어야 하듯이 투자 목표 간의 분해와 조립이 계획한 대로 이루어지 않는다면, 시장의 변화에 능동적으로 대처할 수 있는 위탁 운용 체계 수립과 유지는 어려워지므로 위탁 운용 담당자는 Plan 단계에서 이를 유심히 살펴보아야 합니다.

제2장 Do의 쟁점

① 위탁 운용 체계의 기둥이 될 수 있는 주제로 인터뷰, 운용 비용, 평가 항목과 배점, 위탁 규모 증가를 대비한 위탁 운용사 그룹별 관리 방안에 대하여 다루었습니다.

② Do의 쟁점들은 위탁 운용의 운용성과와 직접적인 연결 고리를 주장하기 어렵습니다. 다만, Do에서 언급한 주제들은 투자 기관의 투자 문화를 반영하고 기계적인 운용성과의 나열에서 벗어나 위탁 운용의 질적 평가의 근거를 마련하고, 운용 규모가 증가하는 상황에서 안정적인

책을 시작하며

위탁 운용 체계를 유지할 수 있는 방안을 다루었습니다.

제3장 See의 쟁점

① 성과 분석은 단순히 운용 성과(= 수익률)를 기준으로 순위를 나열하고, 그 순위에 따라 특정의 등급을 부여하는 것이 아니며, 투자한 종목별 성과를 계산하고 운용 성과의 원인과 기여도를 수치로 밝혀내는 과정입니다.

② 제3장 See에서는 투자한 종목의 (원천별) 투자 손익과 기여도를 계산하고 이를 활용한 성과 분석 방법을 집중적으로 다루었습니다. 또한 투자 손익을 활용한 [성과 분석 보고서]를 첨부하여 성과 분석의 이해도를 높일 수 있도록 하였습니다.

위탁 운용 담당자는 직접 뛰는 선수(Player)가 아닌 감독(Head Coach)의 역할을 담당함을 명심하여야 합니다.

위탁 운용 담당자 중 장기간 위탁 운용 경력을 보유한 사례는 찾아보기 어려우며, 오히려 짧은 기간 위탁 운용을 경험하고 다른 분야로 빠지는 경우가 많습니다.

위탁 운용 담당자의 위탁 운용 경력이 짧은 주요 원인은

① 감독이 아닌 선수의 역할을 담당하려는 의도는 위탁 운용 담당자의 역할과 책임에 대한 혼란이 발생하고,

② 다양한 성과 분석 모형을 적용함에도 종목별 성과를 1원 단위까지 분해하고 종목별 기여도를 원활하게 밝혀내지 못하는 한계를 극복하지 못하는 상황을 꼽을 수 있습니다.

  - 위탁 운용 담당자라면 감독이 어떤 역할을 담당하는지를 고민해 볼 필요가 있습니다.

- 감독의 역할이란, 좋은 감독의 지도력은 팀의 승패를 좌우할 만큼 중요하며, 궁극적으로 우승의 향한 길을 이끌 수 있는 핵심 요인입니다
- 감독은 경기에 임할 수 있는 선수들은 육성하고, 선수들의 개인기보다 팀의 전략과 전술을 적용하고 팀을 승리로 이끄는 역할을 담당합니다. 감독은 선수들의 특징과 장단점을 고려하고, 상대 팀의 특징과 장단점을 파악하여 그에 맞는 전략을 마련해야 하며, 뛰고 있는 선수의 투지 그리고 컨디션 등을 모니터링하고 필요한 경우 전략을 수정하거나 선수 교체를 결정합니다.
- 감독은 선수들의 훈련과 발전을 담당합니다. 이는 선수들의 운동 역량을 파악하고, 개인별 훈련과 함께 팀 전체의 전략적인 훈련을 진행합니다. 이를 통해 선수들의 운동 역량을 높이고, 팀 전체의 실력을 향상시켜야 합니다.
- 감독은 팀의 일정 관리와 조직력을 유지하는 중요한 역할을 담당합니다. 정규 시즌 동안 수많은 경기 일정으로 선수들의 컨디션 조절과 스케줄 조율 등에도 관심을 가져야 합니다.

책을 시작하며

Special Thanks

이 책을 출판할 수 있는 용기를 준 가족들의 응원과 더아트나인 임영수 대표의 헌신적인 도움이 없었더라면 투자 손익 상대 비교를 이용한 성과 분석 방식은 이 세상에 나올 수 없었습니다. 그 무엇으로도 표현할 수 없는 감사의 말씀을 전합니다.

목차

책을 시작하며   4

제1장 PLAN

1.1 위탁 운용의 PLAN   20
    1.1.1 위탁 운용 Plan의 목적   21
    1.1.2 위탁 운용 Plan의 고려 사항   21
    1.1.3 위탁 운용의 제약 요인: ① 투자 전략, ② 운용 규모   22
    1.1.4 위탁 운용의 사전 준비 사항   23

1.2 위탁 운용의 고려 사항   25
    1.2.1 직접 운용과 위탁 운용의 선택   25
    1.2.2 공모 펀드와 단독 펀드의 선택   29
    1.2.3 통합형과 특화형 운용   32
    1.2.4 최적의 위탁 운용사 수와 운용 규모   35

1.3 위탁 운용 전략의 수립   40
    1.3.1 위탁 운용 전략의 목적: Not Return, But Style   40

1.3.2 위탁 운용 투자 전략 수립의 절차	41
1.3.3 위탁 유형(= 스타일)별 투자 전략 수립	46
1.3.4 위탁 운용 전략 실행을 위한 점검 사항	49
[참조1] 공무원 연금 국내 주식 위탁 운용 유형별 벤치마크 및 특징	59
[참조2] 사립학교교직원연금 국내 주식 위탁 운용 유형별 벤치마크 및 특징	61
[참조3] 우정사업본부 국내 주식 위탁 운용 유형별 벤치마크 및 특성	62

제2장 DO

2.1 인터뷰	**69**
2.1.1 운용 인력과 인터뷰	72
2.1.2 개별 운용 인력과 인터뷰	79
2.1.3 운용 인력 인터뷰 – 속성편	82
2.1.4 영업 인력과 인터뷰	91

목차

    2.1.5 위험 관리 책임자/준법 감시인과의 인터뷰   93

    2.1.6 시스템 관리 인력과의 인터뷰   95

    2.1.7 사무실 평가   98

2.2 운용 비용의 관리   100

    2.2.1 운용 비용의 결정과 관리   100

    2.2.2 위탁 규모 증가에 따른 운용 보수 관리 방안   106

    2.2.3 성과 보수 도입의 고려 사항   110

    2.2.4 운용 성과에 연동되는 보수 체계 구축   119

2.3 위탁 운용사 평가 항목과 배점   121

    2.3.1 위탁 운용사 평가 시 고려 사항   121

    2.3.2 위탁 운용사 평가 항목과 배점의 구성   125

    2.3.3 운용 성과 평가 기간의 결정   128

    2.3.4 위탁 자산 운용역 변경 시 고려 사항   139

2.4 위탁 규모 증가를 대비한 그룹별 위탁 운용사 관리 방안   142

제3장 See

3.1 성과 분석   150
  3.1.1 성과 분석의 목적   150
  3.1.2 성과 분석의 3단계   151

3.2. BHB(Brinson-Hood-Beebower, 1986) 성과 분석 모형   155
  3.2.1 BHB(Brinson-Hood-Beebower) 성과 분석 모형이란   155
  3.2.2 BHB(Brinson-Hood-Beebower, 1986) 모형의 적용   156
  3.2.3 BHB 모형의 장점과 한계   159

3.3. 투자 손익 상대 비교를 이용한 성과 분석   162
  3.3.1 종목별 투자 손익을 계산하는 이유   162
  3.3.2 투자 손익 상대 비교를 이용한 성과 분석의 4단계   164

  [예제 3.3.2-1] 위탁 자산 A의 운용 성과 분석   166
  [예제 3.3.2-2] 벤치마크 손익과 수익률 계산   180

목차

[참조] BHB Model와 투자 손익 상대 비교를 이용한
　　　성과 분석 비교　　　　　　　　　　　　　　185

3.3.3 배당 수익률을 계산하는 방법　　　　　　　187

[예제 3.3.3] 배당 수익률 계산하기　　　　　　　189

3.3.4 투자 손익 상대 비교를 이용한 운용 성과 분석 사례　191

[예제 3.3.4] 성과 분석 보고서　　　　　　　　　199

제1장 PLAN

1.1 위탁 운용의 PLAN

위탁 운용의 Plan은

① 투자 기관 A 전체 투자 목적을 위탁 운용 부문에 반영하는 과정으로

② 투자 기관 A 전체 투자 목적을 실현할 수 있는 수단으로 위탁 운용 전략을 마련하는 단계입니다.

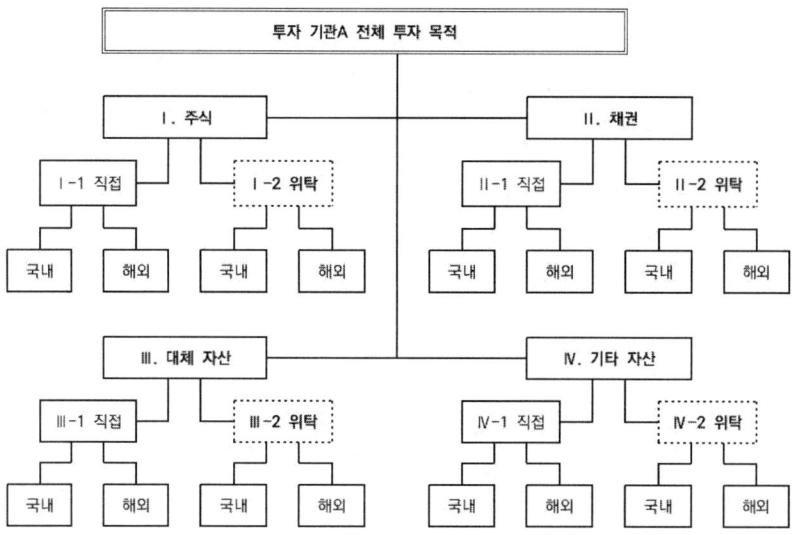

1.1.1 위탁 운용 Plan의 목적

① 제1 목적: 투자 기관 A의 수익률은 투자 및 자산 배분 전략에 따라 좌우된다는 점을 고려하면, 투자 목적을 효율적으로 구현하기 위한 위탁 운용 및 하위 위탁 유형별 투자 전략, 수익 추구 및 위험 분산 전략 수립, 저비용 구조 등을 실현하는 것입니다.

② 제2 목적: 위탁 운용 투자 전략(= 제1 목적)과 함께 부가 가치를 증대시킬 수 있는 방안을 도입하는 것입니다.

예시) 운용 규모 증가와 장기 투자 전략을 고려한 위탁 유형별 초과 수익 α 추구 전략, 유형별 관리 능력 개선 방안, 펀드별 최적 운용 규모 및 수를 고려한 운용 비용 절감 방안 등

1.1.2 위탁 운용 Plan의 고려 사항

① 투자 기관 A의 전체 투자 전략은 무엇입니까?
 - 투자 기관 A 전체 투자 전략은 투자 자금 및 기관의 특성, 운용 자산 규모와 증가 추이, 운용 조직의 역량 등을 고려하고
 - 투자 기관 A의 허용 가능한 수익-위험 수준을 반영한 목표 수익률과 위험한도 결정이 포함됩니다.

② 투자 기관 A의 전체 투자 전략을 구현하기 위한 위탁 운용 전략은 무엇입니까?
 - 위탁 운용의 첫 번째 목표는 투자 기관 A의 전체 투자 전략을 구

현하는 것이므로, 사전에 투자 기관 A의 전체 투자 전략이 마련되지 않았다면, 하위 위탁 운용 전략을 수립하는 것은 큰 의미를 가질 수 없습니다.

- 이후 논의되는 위탁 운용 전략은 투자 기관 A 전체의 투자 전략이 이미 마련되어 적용되고 있다는 전제가 되어야 합니다.

※ 다만, 전체 투자 전략이 마련되지 않은 투자 기관은 본서에서 정리한 점검 요인을 참고하여 위탁 운용 체계를 구축하는 것을 권장합니다.

1.1.3 위탁 운용의 제약 요인: ① 투자 전략, ② 운용 규모

① 투자 기관 A의 투자 전략
- 투자 전략의 핵심은 목표하는 '수익-위험에 대한 허용도' 수립이며, 이는 투자 전략 구성에 있어서 위험성 자산의 규모/비율, 액티브 운용에 있어서 위험 허용 한도(tracking error) 등을 결정합니다.
- 전체 투자 전략에 적합한 위탁 운용 체계를 구축하지 않았다면,
· 목표한 운용 수익을 획득할 가능성이 낮아지며
· 투자 기관 A가 인지하지 못하는 직/간접적인 비용을 부담하거나
· 의도하지 않는 위험에 노출될 수 있습니다.
- 축척된 위탁 운용 Know-How 및 체계적인 관리 기법을 적용하여 유형별 최적 운용 규모와 펀드 수, 액티브/패시브 운용의 적용, 유형별 특화된 운용 및 관리 방안, 조금이라도 뛰어날 것으로 기대되는 위탁

운용사의 활용 방안 등을 마련하여 의도하지 않는 위험을 감소시키거나 발생 가능한 비용의 감소를 기대할 수 있습니다.

② 투자 기관 A의 운용 규모

- 투자 기관 A의 운용 규모가 대규모인 경우, 인건비나 전산 비용 등의 고정 비용이 운용 수익에 미치는 영향이 줄어들고, 인건비와 전산 비용 등을 부담하고 주식 및 채권 등의 자산을 직접 운용함으로써 운용 자산의 부가 가치를 높일 수 있는 방법을 선택할 수 있습니다.

- 그러나 투자 기관 A의 운용 규모가 소규모인 경우, 제반 고정 비용 등을 부담하지만 직접 운용을 통한 긍정적인 효과가 나오지 않을 수 있으며, 투자 과정에서 분산 투자의 장점을 누리지 못할 수 있습니다.

1.1.4 위탁 운용의 사전 준비 사항

① 위탁 운용 투자 전략 수립
② 위탁 운용 인력의 역량
③ 위탁 운용 성과 평가 체계

위 세 가지를 고려할 수 있습니다.

① 위탁 운용 투자 전략 수립
- 투자기관 A가 위탁 운용을 수행하는 제1 목표는 효과적인 투자 전

략을 실현하는 것이므로 사전에 위탁 운용 투자 전략이 마련되어야 합니다.

② 위탁 운용 인력의 역량

- 위탁 운용 전략 수립과 실행, 수익-위험 Trade-Off 및 비용 관리 등을 분석하고 이해할 수 있으며, 위탁 운용 전략 및 체계의 문제점 등을 지속적으로 모니터링하고 개선할 수 있는 높은 역량을 가진 도전적인 인적 자원이 필요합니다.

③ 위탁 운용 성과 평가 체계

- 위탁 운용 성과와 체계 등을 개선할 수 있는 근거 자료를 확보하고 (정량/정성) 운용 성과, 위탁 운용사의 역량 파악, 수익/위험 분석, 운용 성과의 기여도 분석 그리고 제반 비용 분석 등을 수행할 수 있는 성과 평가 체계를 마련하여야 합니다.

1.2 위탁 운용의 고려 사항

1.2.1 직접 운용과 위탁 운용의 선택

직접 운용과 위탁 운용의 선택 기준은 ① 운용 역량, ② 비용입니다.

직접 운용과 위탁 운용의 효익[1]과 비용[2]을 비교하기 위해서는 정량 및 정성 요인(효익, 비용, 위험, 법규 등)을 고려한 판단이 필요합니다.

① 직접 운용이 유리한 경우
　　[직접 운용의 운용 효익 - 직접 운용의 운용 비용]
　　　　　　　》
　　[위탁 운용의 운용 효익 - 위탁 운용의 운용 비용]

② 위탁 운용이 유리한 경우
　　[직접 운용의 운용 효익 - 직접 운용의 운용 비용]
　　　　　　　《
　　[위탁 운용의 운용 효익 - 위탁 운용의 운용 비용]

---

1) 위탁 운용의 효익: 초과 수익, 운용 인력의 발굴 및 육성, 운용 및 관리 능력의 향상, 정보 수집 등
2) 위탁운용의 비용:
　　- 직접 비용: (직/간접) 운용 비용(인건비 등), 신탁 보수, 모니터링 및 매매 비용 등
　　- 간접 비용: 시스템 유지 등 운용 관련 인프라 등

[직접 운용과 위탁 운용 비교]

직접 운용	장점	1. 위탁 운용사에게 지급하는 비용이 없습니다. 2. 투자 기관 A의 운용 철학 및 특성을 적용할 수 있습니다. 3. 투자 기관 A의 운용 역량을 강화할 수 있습니다. 4. 자유로운 투자(안)의 선택이 가능합니다.
	단점	1. 운용 체계를 유지하는 비용이 발생합니다. 예) 운용역의 채용/육성, 운용 시스템 등의 유지/보수 단, 운용 체계 유지 비용은 고정비 성격이므로 자산규모가 대형인 경우에는 큰 문제로 작용하지 않습니다. 2. 종합적인 위험 관리 체계가 필요합니다. 예) 운용 및 업무 규정 등, 위험 관리 & 컴플라이언스 3. 내부 운용역의 동기 부여, 처우 개선이 어렵습니다.
위탁 운용	장점	1. 투자 기관 A의 필요에 따른 다양한 투자 전략을 선택할 수 있습니다. 2. 투자(안) 선택이 확대될 수 있으며, 직접 운용 대비 비용 감소 효과를 기대할 수 있습니다. 3. 단독 펀드를 활용하는 경우 관리가 용이합니다. 4. 외부 기관이 운용 관련 정보를 작성함에 따라 운용 체계 정비 및 유지에 소요되는 비용을 절약할 수 있습니다.
	단점	1. 외부 기관이 운용 관련 정보를 작성함에 따라 투자 기관 A의 독자적인 필요에 맞는 정보를 얻기 어렵습니다. 2. 공모 펀드를 활용하는 경우, 운용 비용이 증가하거나 투자 기관 A 고유의 요구에 맞지 않을 수 있습니다.

투자 기관의 운용 역량과 전문성

[운용 역량과 전문성을 고려한 선택]

구분		투자 대상(지역)의 전문성	
		High	Low
투자 기관의 운용 역량	High	**직접 운용**	직접 운용 /위탁 운용
	Low	직접 운용 /위탁 운용	**위탁 운용**

운용 규모가 대형인 투자 기관은 직접 운용의 비중이 높은 편이지만,
① 직접 운용을 통하여 충분한 성과를 기대할 수 없거나,
② 내부 운용 역량과 전문성이 낮은 투자 영역은 위탁 운용을 실시하는 경우가 일반적입니다.

운용규모가 증가할수록, 직접 운용에 소요되는 비용은 고정 비용의 성격으로 규모의 경제 효과를 기대할 수 있는 반면 위탁 운용은 운용 규모가 증가함에 따라 운용 보수는 (비례적으로) 증가합니다.

그러므로 운용 규모가 소규모 또는 적정 규모 이하의 운용 기관은 위탁 운용이 유리할 수 있습니다.

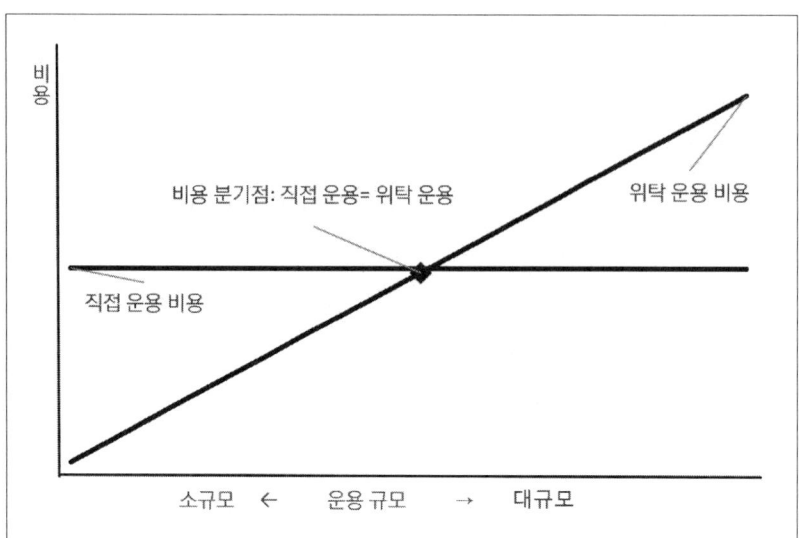

직접 운용과 위탁 운용의 최종 선택은 각자의 장단점을 비교하고, 각 방식을 실행할 경우 발생하는 내부 운용 역량과 기대 성과, (예상/실제) 비용 견적 등을 종합적으로 비교하여야 합니다.

운용 위험과 비용 부담에 따른 위탁 운용 방식

투자 기관이 부담할 수 있는 운용 위험과 비용 수준에 따라 위탁 운용 방식은 Active와 Passive로 구분될 수 있습니다.

[위험과 비용 부담에 따른 위탁 운용의 선택]

운용 방식	Active 방식 (높은 변동성)	Passive 방식 (낮은 변동성)
투자 목표	목표 대비 초과 성과 달성 (목표 IR = Active = Passive)	

특징	부여된 벤치마크를 고려한 복수의 위탁 유형을 도입하여 위탁 운용	부여된 벤치마크를 고려한 개별 지수 등에 투자하여 위탁 운용
비용 부담	고비용/다수 인력 필요	저비용/소수 인력 필요
요구 사항	위탁 투자 전략 수립, 복수의 위탁 유형 도입함으로 위탁 자산의 리서치, 성과 분석, 모니터링을 위한 전산 구축 등 역량 있는 인적 자원이 필요함	위탁 투자 전략 수립 후 투자 전략을 복제할 수 있는 개별 지수 등에 투자함으로 소수의 인력과 자원으로 운용 가능

1.2.2 공모 펀드와 단독 펀드의 선택

공모 펀드와 단독 펀드의 선택 기준은 ① 투자 기관 A의 독자적인 투자 전략과 ② 분산 효과 획득 여부입니다.

위탁 규모: 대규모인 경우	위탁 규모: 소규모인 경우
· 대형 투자 기관은 독자적인 운용 전략에 필요한 운용 지침을 적용할 수 있어서, 단독 펀드를 선택하는 경우가 많습니다.	공모 펀드(또는 투자 풀)을 선택하여 분산 효과를 기대할 수 있으나, 독자적인 운용 전략을 반영하고자 하는 경우 단독 펀드를 활용하는 것이 바람직합니다.

공모 펀드의 장점과 단점

[공모 펀드의 장점과 단점]

장점	단점
소규모의 자금이라도 분산 효과를 얻을 수 있습니다.	사전에 운용 전략이 정해진 투자 상품에 투자하게 됨에 따라 투자 기관 A의 독자적인 투자 요구에는 대응이 어렵습니다.

공모 운용과 단독 운용의 선택은 양자(분산 효과, 독자적인 운용 지침) 간의 Trade-Off 관계를 감안해야 합니다.

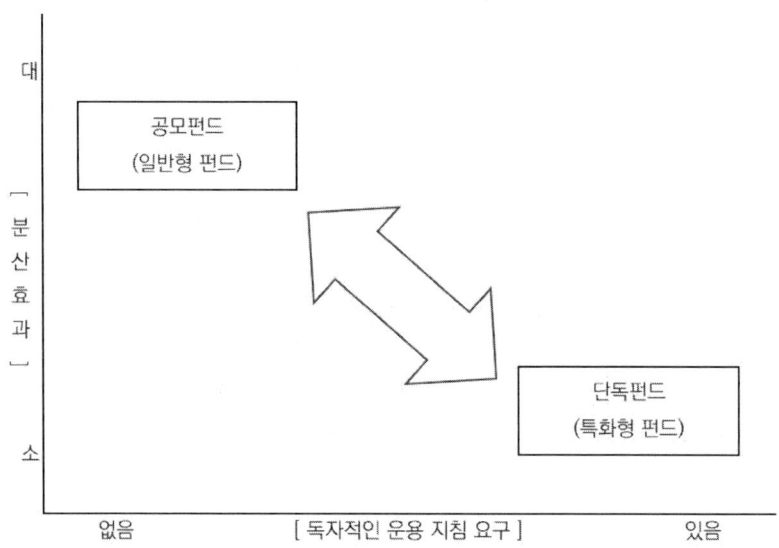

자산 규모에 따른 공모 펀드와 단독 펀드의 조합

'단독 운용으로 충분한 분산 투자를 얻을 수 있는 포트폴리오를 구축하기 위한 자산 규모는 어느 정도인가?'라는 질문에 대해서는 투자 기관/운용 자산의 특성과 형태에 따라 다르므로 특정 금액을 기준으로 제시하기는 어렵습니다.

① 소규모 투자 기관이 공모 펀드에 투자하면,

- 위탁 운용사의 대표(Flageship) 펀드에 투자한다면 경험이 풍부한 운용 인력을 활용할 수 있고, 운용상의 실수도 적을 가능성이 높아 투자 위험을 낮출 수 있습니다.

- 투자 목표가 벤치마크를 완전히 복제하는 패시브형으로 투자하는 경우 자산의 규모, 공모 또는 단독 펀드를 구분하는 기대 효익은 큰 차이가 발생하지 않습니다.

② 위탁 운용사의 투자 철학은 공모와 단독 펀드 간의 차이가 없으므로, 양자 간의 운용 성과 차이는 발생하지 않습니다. 그러나 위탁 운용사의 투자 철학이나 운용 체계 등에서 실제적으로 부가 가치를 높일 수 있는 방안을 고민하여야 합니다.

[운용 규모별 공모 운용과 단독 운용의 조합(예시)]

자산 규모	공모 운용/단독 운용	
	액티브	패시브
소규모	공모 펀드	공모 펀드
중규모	공모 펀드 & 단독 펀드(가능)	공모 펀드
대규모	단독 펀드	공모 펀드 & 단독 펀드(가능)
특 대규모	단독 펀드	단독 펀드

※ 투자 기관 A의 자산 규모만 고려한 공모와 단독 펀드의 선택을 예시하였을 뿐 운용 스타일에 대한 세세한 요구는 고려하지 않았습니다. 위탁 운용 규모가 단독 펀드가 충분히 가능한 수준이라도, 투자 스타일에 대한 세세한 요구가 없다면 단독 펀드를 고집할 필요는 없습니다.

1.2.3 통합형과 특화형 운용

통합형의 장/단점

장점	투자 기관 A는 자산 및 스타일 배분 등의 결정권을 위탁 운용사에게 위임할 수 있습니다. 운용과 관련된 데이터 관리가 용이할 수 있습니다.

단점	① 비전문 영역에 투자 가능 - 통합형 운용자는 전문적인 투자 영역(자산군/투자유형) 뿐만 아니라, 비전문적인 투자 분야에 투자할 가능성이 존재합니다. - 통합형 운용 전략의 대부분은 자산 배분 효과를 목적으로 운용합니다. 대부분의 통합형 운용자는 투자 가능한 모든 자산군에 대한 투자 능력이 검증되었다고 말하기 어렵습니다. - 자산 배분의 중요 사항 중에 하나인 전술적 자산배분 효과를 기대할 수 있는지의 의견이 분분하지만, 위탁 운용사 수를 늘릴수록 자산 배분 능력이 낮은 위탁 운용사를 채용할 수 있는 가능성이 높아져, 결과적으로 초과 수익을 달성하기 어려워질 수 있습니다. ② 인덱스와 유사해지는 현상 - 위탁 운용 규모가 증가하면 통합형과 특화형 모두 인덱스와 비슷해지는 문제가 발생할 수 있지만, 통합형의 경우에는 다음의 이유로 그 가능성이 더 높을 수 있습니다. · 통합형 펀드는 모든 자산군에 투자할 수 있어 전문성이 부족한 자산군에도 운용할 수 있습니다. A 운용자는 투자 가능한 4개 자산군 중 2개 자산군에 전문성이 있다면, 각 자산의 기대 초과수익률은 전체적으로 0(ZERO)에 가까워지고, 추가로 위탁 운용사의 수를 늘리면, 분산 효과에 의한 트래킹 에러는 제로에 가까워집니다. · 결과적으로 액티브 운용 보수를 지불함으로써 운용 비용은 비교적 높은 인덱스 펀드가 되는 것입니다.

운용 규모가 증가함에 따라 전문성이 떨어지는 위탁 운용사의 채용 가능성, 인덱스와 비슷해지는 현상 등의 근본적인 원인은 채용한 위탁 운용사 수가 지나치게 많다는 데 있으므로,

① 위탁 운용사 수를 줄이거나,

② 패시브 운용 전략을 채용하거나,

③ 특화형 운용의 도입으로 해결이 가능합니다.

다만 ③ 방안은 특화형 운용의 투자 전략 등을 사전에 마련하는 것이 중요합니다.

[특화형 운용의 특징과 기대 효과]

장점과 단점	특정 벤치마크를 부여할 수 있어 성과 평가가 용이합니다. 특화형 운용 중심으로 위탁 운용 체계를 구성하면, 통합형 운용보다는 부담하는 운용 비용이 증가할 수 있으나, 운용의 전문성을 확보하여 기대 운용 수익은 통합형 운용보다 높을 수 있습니다.
기대 효과	· (기대 효과) 투자 기관 A의 투자 정책에 맞추어 위탁 유형별로 개별 위탁 운용사를 채용하면, 투자기관 A의 전체 운용성과 기대 수익을 높일 수 있으나, · (전제 조건) 투자 기관 A는 자산 전체를 스스로 관리할 수 있는 충분한 인적/물적 역량과 관리수준의 확보가 전제되어야 합니다. 만일 투자 기관 A의 운용 조직의 역량과 관리 수준이 충분히 확보된다면, 특화형 위탁 운용사를 활용하는 이점을 충분히 누릴 수 있습니다.

[투자 기관 A의 운용 역량과 재량권 범위]

구분	투자 기관 A		위탁 운용사의 재량권 부여		운용 형태
	운용 규모	관리 능력	자산 배분	스타일 배분	
I	대규모	충분	×	×	특화형
II	…	…	×	○	
III	소규모	불충분	○	○	통합형

○: 기능 있음, ×: 기능 없음

1.2.4 최적의 위탁 운용사 수와 운용 규모

투자 기관 A의 운용 규모가 증가하고 위탁 운용사 수가 늘어남에 따라

① 운용 보수 등의 비용은 증가하고, 리스크 분산 효과를 기대할 수 있지만, 초과 수익 α의 획득이 점점 어려워질 수 있습니다. 즉, 운용 규모가 증가함에 따라 인덱스화 현상이 발생할 수 있습니다.

② 따라서 위탁 운용 담당자는 최적 운용 규모 및 채용할 위탁 운용사 수를 사전에 고려하고 위탁 운용 전체 초과 수익(α)의 획득 가능성, 위험의 분산, 운용 비용 절감 등의 Trade-Off를 고려하여야 합니다.

[시장별 효율성을 고려한 최적 위탁 운용사의 수]

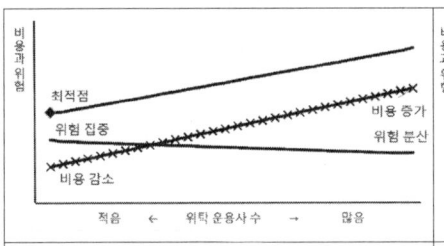	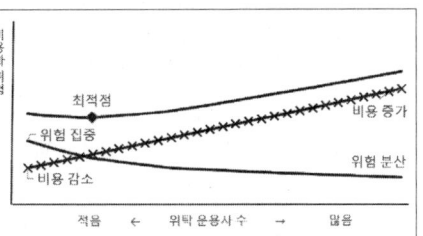
· 가정: 효율적인 시장 · 대상: 선진국, 대형주 액티브 운용으로 벤치마크를 상회하는 것이 어려운 시장에서 초과 수익(α)을 달성하기 위한 위탁 운용사 수는 가능한 소수로 한정하는 것을 권장합니다.	· 가정: 비효율적인 시장 · 대상: 신흥 시장, 중소형주 액티브 운용으로 벤치마크를 상회하는 것을 기대하는 시장에서 초과 수익(α) 달성을 위해 다수의 위탁 운용사를 조합하여 초과 수익(α) 추구와 위험 분산을 권장합니다.

※ 운용 규모가 증가함에 따라 위탁 운용사 수가 늘어나게 되면, 초과 수익(α)의 획득이 어려워진다는 것에는 변함이 없습니다.

최적의 위탁 운용사 수

'최적의 위탁 운용사 수'는 사전에 결정이 필요합니다.

① 위탁 운용 규모가 증가하는 상황이라면, 투자 기관 A는 다수의 위탁 운용사를 활용할 수 있고, 이론적인 위탁 운용 성과는 벤치마크와 유사해지며 초과 수익(α)의 획득 가능성은 낮아질 수 있습니다.

② 투자 기관 A는 불완전하더라도 자산별, 위탁 유형별로 최적이라고 판단하는 운용 규모와 위탁 운용사 수를 사전에 결정하는 것이 유리합니다.

액티브 운용	패시브 운용
· 액티브 리스크를 부담하여 초과 수익(α)을 달성하기 위해서 복수의 위탁 운용사를 조합합니다. · 위탁 운용사 수를 줄임으로써 초과 수익(α)을 획득할 수 있는 가능성, 리스크 분산 효과 및 운용 비용의 관계를 고려해야 합니다.	· 초과 수익(α)의 획득 가능성을 부정하는 패시브 운용은 한 개의 위탁 운용사로 충분히 분산되고 저비용으로 운용할 수 있습니다. · 다만, 위탁 운용사의 패시브 운용 역량을 충분히 고려하여야 합니다.

동일한 위탁 유형에서 복수의 위탁 운용사를 활용하는 이유

① 투자 기관 A의 위탁 규모가 증가하고, 위탁 유형별 복수의 위탁 운용사를 활용하면 운용 비용 증가와 함께 운용 성과는 벤치마크와 유사화(= 인덱스화)되는 위험이 발생할 수 있습니다.

그러므로 효율적인 위탁 투자 전략을 실현하기 위해서 동일 유형 내 복수의 위탁 운용사를 효과적으로 조합하여야 합니다.

② 개별 위탁 유형에서 복수의 위탁 운용사는 다음과 같은 이유로 활용할 수 있습니다.

- 위험 분산 효과
  · 동일한 위탁 유형에서 복수의 위탁 운용사를 활용하는 가장 큰 이유는 포트폴리오의 위험 감소 효과입니다.
  · 여기서 주의할 점은 동일한 위탁 유형에 복수의 위탁 운용사를 채용하는 것은 분산 투자에 의한 리스크 감소 효과라는 장점과 함께 운용 비용의 증가, 초과 수익(α) 획득 가능성 저하, 위탁 유형별 운용 형태가 인덱스와 유사해지는 단점도 존재합니다.
  · 단순히 종목 분산에 의한 리스크 감소 효과만을 추구한다면, 한 개의 위탁 운용사에서 종목 수를 늘리는 편이 운용보수 측면에서 비용은 싸고, 위탁 운용사-종목 간 중복 투자도 발생하지 않습니다.

[복수의 위탁 운용사를 활용할 때의 (이론적인) 리스크 감소 효과]

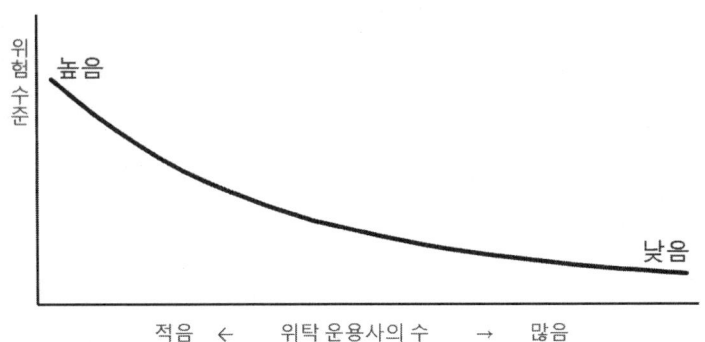

- 위탁 운용사 운용 능력 확인이 어려움
· 투자 기관 A는 독자적인 위탁 운용사 선정 및 관리 기준 등을 마련하여 적용하고 있다고 가정하면, 선정된 위탁 운용사는 투자 기관 A의 선정 항목과 배점에 따라 선정하였을 뿐 기대하는 운용 역량을 검증한 것은 아닙니다.
· 위탁 운용사의 역량 검증의 어려움으로 복수의 위탁 운용사를 채용하여 위험을 줄일 수 있습니다.
- 경쟁 원리 도입으로 운용 성과 개선
· 위탁 운용사 간 운용 성과 및 보수 등에 있어서 경쟁 원리를 도입하여 운용 성과 개선을 기대할 수 있습니다.

※ 현실에서는 경쟁 입찰을 통하여 운용 보수만 하락하는 효과를 확인할 수 있을 뿐 '상호 경쟁을 통한 수익 향상'의 증거를 찾기는 어렵습니다.

- 운용 규모 증가에 따른 위탁 운용사 수 확대
· 투자 기관 A의 위탁 운용 규모가 증가하면 하위 위탁 유형의 운용 규모도 증가할 가능성이 높습니다.
  이론적으로 위탁 운용사별 운용 규모가 초대형화되면, 관련 비용(인건비 등)이 증가하고, 시장 가격에 영향을 미칠 수 있는 마켓 임팩트와 매매 거래 비용 증가의 문제가 발생할 수 있습니다.
· 이러한 문제점들을 해결하기 위해 다수의 위탁 운용사를 채용하여 운용 규모를 분산시키는 것이 초과 수익을 올리기 용이한 운용 규모에 투자할 수 있는 장점이 있으나, 그 장점을 누리고자 한다면, 사전

에 다음과 같은 질문에 해답을 찾아야 합니다.

ⓐ 초과 수익을 올리기 용이한 최적의 운용 규모는 얼마인가?

ⓑ 운용 규모 증가에 따른 규모별 최적의 위탁 운용 투자 기법은 무엇인가?

이상의 질문에 대한 해답을 찾기 위해 수년간 연구하였으나, 현실적인 해법은 여전히 숙제로 남아 있습니다.

1.3 위탁 운용 전략의 수립

1.3.1 위탁 운용 전략의 목적: Not Return, But Style

위탁 운용 전략을 수립하는 목적: 수익과 대응 전략

① 수익 전략	투자 기관 A 전체 자산의 투자 전략을 구현하기 위한 하부 계획으로 위탁 운용의 투자 전략을 마련하는 것입니다.
② 대응 전략	투자 전략 또는 시장 상황 변화에 대응하기 위한 위탁 유형별(= 자금) 배분 전략 등을 마련하는 것입니다.

최적의 위탁 운용 전략

투자 기관별 직면한 대/내외 환경과 투자 목표 등이 다양함에 따라 "이것이 최적의 위탁 운용 전략이다."라고 제시하는 것은 불가능합니다.

다만, 국내 주요 투자 기관의 위탁 운용 사례와 기본적인 고려 사항 등을 참고하여 각 투자 기관별 최적화된 위탁 운용 전략을 마련하는 것이 바람직합니다.

1.3.2 위탁 운용 투자 전략 수립의 절차

위탁 운용 투자 전략 수립의 3단계

① 투자 기관 A는 전체 투자자산의 전략적 자산 배분과 투자 목표(=벤치마크)[3]를 설정합니다.
② 위탁 운용 부문은 투자 기관 A가 ①에서 설정한 전체 투자 목표 중 하위 투자 목표인 [위탁 운용-투자 목표(벤치마크)]를 부여받습니다.
③ 위탁 운용은 부여된 [위탁 운용-투자 목표(벤치마크)]를 달성하기 위한 세부 위탁 운용 투자 전략 실행 방안을 수립하고 적용합니다.

위탁 운용 투자 전략 수립의 고려 사항

위탁 운용 투자 전략은 다음을 고려하여 수립하는 것이 바람직합니다.
① [위탁 운용-투자 목표(벤치마크)]는 무엇이며, 어떻게 구성되었는가?
② [위탁 운용-투자 목표(벤치마크)]를 달성하기 위한 실행 방안은 무엇인가?

---

3) 투자 목표(=벤치마크)는 다음의 속성을 갖추어야 합니다.
  · 운용의 적합성: 벤치마크와 투자의 원칙과 전략이 일치하여야 합니다.
  · 투자 가능성: 벤치마크 구성 종목을 투자하고 보유할 수 있어야 합니다.
  · 명확성: 벤치마크를 구성하고 있는 종목과 비중을 확인할 수 있어야 합니다.
  · 측정 가능성: 원하는 기간별 벤치마크의 수익률을 계산할 수 있어야 합니다.
  · 사전 결정: 벤치마크는 운용이 시작되기 전에 결정되어야 합니다.

③ ②에서 수립한 전체 또는 세부 위탁 운용 실행 방안은 투자 전략 또는 시장 상황 변화에 대처할 수 있는 방안은 무엇인가?

① [위탁 운용-투자 목표(벤치마크)][4]는 무엇이며, 어떻게 구성되었는가?

- 위탁 운용 담당자에게 부여된 [위탁 운용-투자 목표(벤치마크)]는 싸우고 넘어야(Hurdle Rate) 하는 상대방이므로 명확하게 이해하고 분석하는 것이 첫 출발입니다.
- 그러므로 위탁 운용 담당자는
  · 벤치마크 포트폴리오를 어떠한 방식으로 분해하고 조립할 것인지,
  · 하위 위탁 유형별 투자 전략을 어떻게 구성할지를 고민하여야 합니다.

---

4) 위탁 운용-투자 목표(벤치마크)는 [①투자 대상: 국내 주식, ②벤치마크: KOSPI]로 가정하겠습니다.

[벤치마크(KOSPI) 분해 사례 1]

구분		합계	I. 규모별(↓)			
			대형주	중형주	소형주	미분류
* 업종: 가나다순		100.0	73.85	14.89	4.75	6.52
II. 업종별 (→)	건설업	1.67	1.20	0.26	0.17	0.03
	금융업	12.00	9.93	1.69	0.18	0.20
	기계	1.55	0.70	0.35	0.30	0.19
	미분류	1.48	1.16	0.22	0.10	-
	비금속 광물	0.55	-	0.40	0.12	0.03
	서비스업	15.39	11.19	3.11	0.73	0.35
	섬유 의복	0.60	-	0.41	0.19	0.00
	운수 장비	9.53	8.01	0.67	0.29	0.57
	운수 창고업	1.77	1.10	0.49	0.09	0.09
	유통업	6.83	3.04	1.19	0.26	2.35
	음식료품	3.28	1.45	1.55	0.23	0.04
	의료 정밀	0.08	-	-	0.08	-
	의약품	2.22	0.25	1.50	0.44	0.04
	전기 가스업	3.14	2.88	0.19	0.08	-
	전기 전자	22.54	19.47	0.63	0.35	2.08
	종이 목재	0.25	-	-	0.25	0.00
	철강 금속	3.18	2.60	0.28	0.29	0.00
	통신업	2.37	2.37	-	-	-
	화학	11.57	8.49	1.95	0.60	0.53

[벤치마크(KOSPI) 분해 사례 2]

구분	대형주	중형주	소형주	미분류	합계
Growth	35.02	6.54	1.63	3.51	46.70
Value	38.83	8.35	3.12	3.01	53.30
합계	73.85	14.89	4.75	6.52	100.0

② [위탁 운용-투자 목표(벤치마크)]를 달성하는 실행 방안은 무엇인가요?

- 투자 기관별 운용의 특성, 자금 규모 및 증가 추이, 운용 역량 및 조직 등 직면한 상황이 다양하여 "이것이 최적의 위탁운용 전략이다"라고 제시하는 것은 불가능하지만

- 위탁 운용 체계는 운용의 규모가 증가하고 운용 조직의 역량이 확보될수록 통합형 투자에서 특화형 투자로 세분화되고 모습을 보일 수 있습니다.

[통합형과 특화형 투자의 비교]

통합형 투자	특화형 투자
· 위탁 규모: 소규모 · 벤치마크: 단일 벤치마크 적용 · 성과가 우수할 것으로 기대하는 위탁 운용사의 선정이 최우선	· 위탁 규모: 대규모 · 벤치마크: [자산군별 + 위탁 유형별 벤치마크] 적용 · 투자 기관의 수익/위험을 고려한 위탁 유형별 특화형 투자

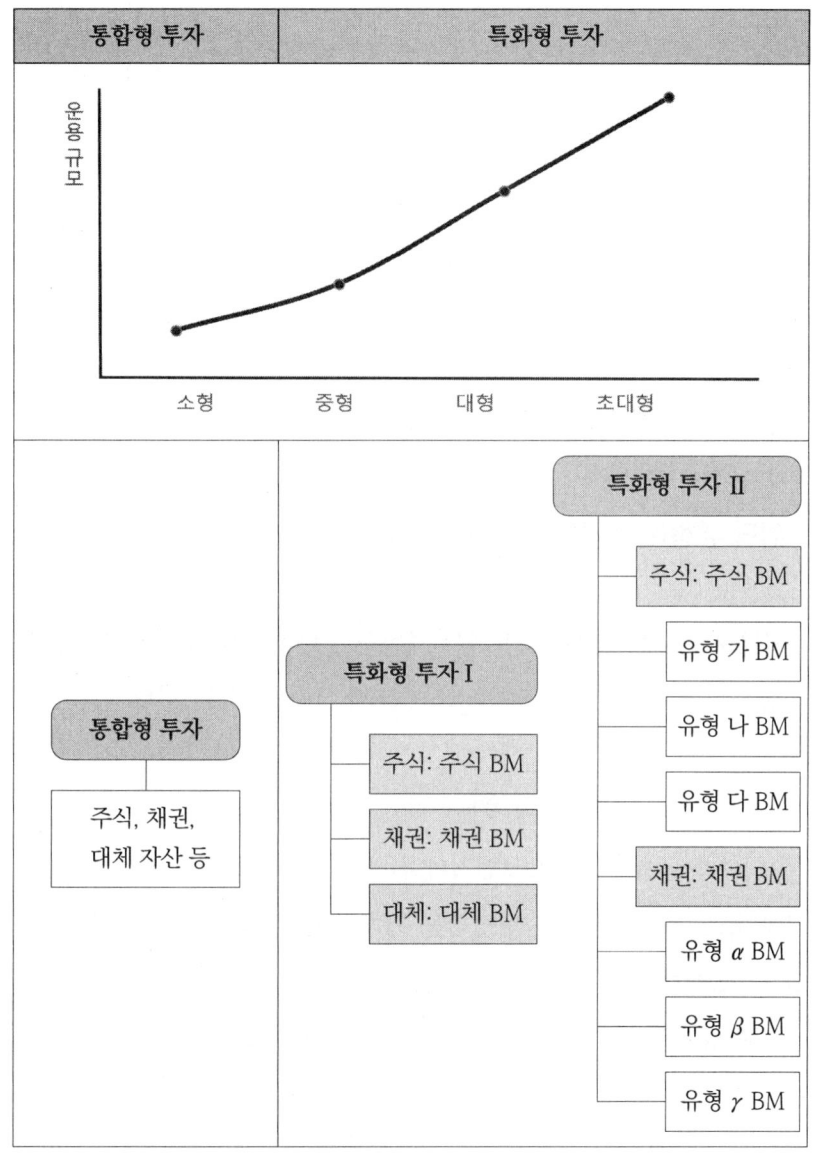

[위탁 규모 증가에 따라 통합형, 특화형 투자]

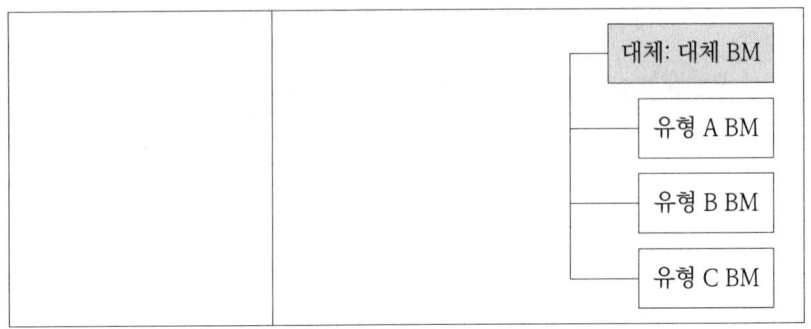

1.3.3 위탁 유형(= 스타일)별 투자 전략 수립

위탁 유형(= 스타일)별 투자 전략 수립의 기대 효과

자산군별 벤치마크를 적용하는 특화형 Ⅰ단계에서 보다 세분화된 특화형 Ⅱ단계부터는 위탁 유형(= 스타일)별 투자가 시작됩니다.

위탁 유형(= 스타일)별 투자는
① [위탁 운용-투자 목표(벤치마크)]에 편입된 종목들을 특성에 따라 구분하고, 구분된 특성을 반영하는 위탁 유형(= 스타일)별 투자를 실행할 수 있으며,
② 특성에 따른 세분화된 위탁 투자는 시장의 변동에 따라 능동적인 투자 전략을 적용하고 위험을 분산할 수 있는 기대 효과가 있습니다.

위탁 유형(= 스타일)별 투자 전략 수립의 고려 사항

① 위탁 유형(= 스타일)별 벤치마크의 분해와 조립
 - [위탁 운용-투자 목표(벤치마크)]와 하위 위탁 유형별 벤치마크는 분해와 조립 관계를 설정하는 것은 중요한 고려 사항입니다.

② 벤치마크 분해와 조립의 필요성
 - 시장 대응 전략: 위탁 운용 전체의 벤치마크와 위탁유형별 벤치마크를 분해/조립하는 목적은 효과적으로 시장 변화에 대응할 수 있는 위탁운용 전략을 구현하기 위해서입니다.

③ 벤치마크 분해와 조립의 전제 조건
 - 위탁 유형을 구분할 수 있는 방법은 다양하지만, 위탁 유형별 벤치마크의 구성 종목이 위탁 유형간 상호 중복된다면 시장 변동 또는 위탁 운용 전략 변화에 따른 대처 능력이 떨어지는 부작용이 발생할 수 있습니다

[벤치마크 KOSPI의 위탁 유형 분류(예시)]

구분	대형주	중소형주	합계	
Growth	35.02%	11.68%	46.70%	· Growth-대형주
Value	38.83%	14.47%	53.30%	· Growth-중소형주
합 계	73.85%	26.15%	100.0%	· Value-대형주
				· Value-중소형주

위탁 전체의 벤치마크를 분해하여 위탁 유형별 벤치마크를 설정하는 경우, 위탁 유형별 벤치마크 포트폴리오는 상호간 독립적이고 배타적이어야 합니다.

※ 특정 종목 A는 4개의 위탁 유형 중 하나의 유형에만 포함되도록 설계되어야 합니다.

[위탁 운용 벤치마크의 분해와 조립]

구분	분해	조립
① 위탁 운용 부서에 부여된 투자 목표(벤치마크) 확인		
② ①의 포트폴리오 구성 및 특성 분석		
③ ②의 구분할 수 있는 특성별 분류		
④ ③을 반영한 위탁 유형별 벤치마크 마련		
⑤ 유형별(= 스타일별) 위탁 운용 실행		

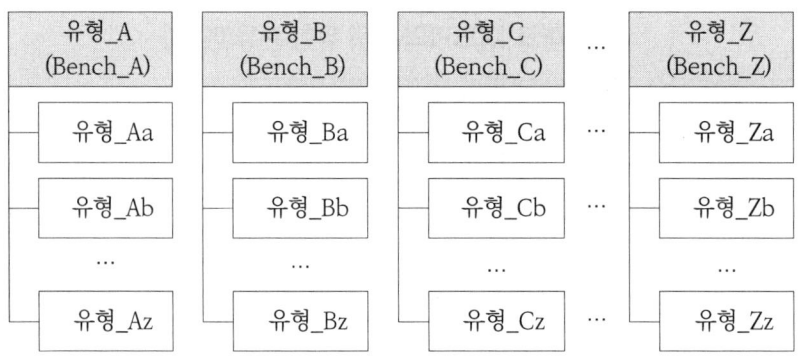

	위탁 유형	투자 비중	벤치마크
	유형_A	**.**% (Wa)	벤치마크_A
+	유형_B	**.**% (Wb)	벤치마크_B
+	유형_C	**.**% (Wc)	벤치마크_C
+	…	**.**% (W…)	…
+	유형_Z	**.**% (Wz)	벤치마크_Z
≒	합계	100.0%	Bench_Total

· (Wa × 벤치마크a) + (Wb × 벤치마크b) + … + (Wz × 벤치마크Z)

단, Wa: 위탁 유형 A의 투자 비중/벤치마크a: 위탁 유형A의 벤치마크 포트폴리오

1.3.4 위탁 운용 전략 실행을 위한 점검 사항

위탁 운용 담당자와 위탁 자산 운용역의 전략적 역할 구분

위탁 운용의 성과는 ① 위탁 유형별 자산(= 자금) 배분 전략 ② 위탁 자산 내 종목 선정이 원천입니다.

효율적인 위탁 운용 체계를 고려하면

- 위탁 운용 담당자는 위탁 유형별 운용 전략 수립과 자금 배분에 집중하고,

- 위탁 자산 운용역은 담당하고 있는 위탁 자산 내에서 종목 선정을

통한 수익 창출에 집중하는 것을 권장할 수 있습니다.

위탁 운용 전략의 대응 능력 점검

[투자 기관 A의 위탁 유형별 실제 비중과 벤치마크 비중]

구분	실제 비중 (A, %)			벤치마크 비중 (B, %)			차이 (A-B, %)		
	대형주	중소형주	합계	대형주	중소형주	합계	대형주	중소형주	합계
Growth	42.1	13.7	55.8	35.0	11.7	46.7	7.1	2.1	9.1
Value	35.5	8.7	44.2	38.8	14.5	53.3	-3.3	-5.8	-9.1
합계	77.6	22.4	100	73.8	26.2	100	3.7	-3.7	0.00

투자 기관 A의 위탁 유형별 실제와 벤치마크 비중간의 차이(A-B)를 보여주는 수치는 +/-의 결과일 뿐이며, 점검하여야 할 부분은 계획한 위탁 운용 전략이 차이(A-B)에 반영되었는지의 여부입니다.

투자 기관 A의 위탁 전략은 [Growth-대형주]의 보유 비중을 높인 전략을 구현하고 있습니다. 이러한 위탁 운용 전략의 유효성 존재 여부는

① 사전에 수립한 위탁 운용 전략이 [Growth-대형주]의 보유 비중을 높인 전략이었다면 적절한 시장 대응 방안이라고 할 수 있으나,

② [Growth-대형주]의 보유 비중을 높일 위탁 운용 전략이 수립되지 않았고, 단순히 차이(A-B)가 발생한 결과라면 위탁 운용의 전략을 다시 점검하여야 합니다.

[위탁 유형별 차별화 부진과 원인 - 국민연금기금 위탁 운용 사례]

① 국민연금 주식 위탁 부진 원인은… 유형별 차별화 부족
(서울= 연합인포맥스, 2020.04.14) 홍경표 기자

　국민연금 국내 주식 위탁 운용 성과 부진의 주요 원인이 운용 유형별 차별화 부족 때문으로 나타났다.
　14일 국민연금연구원이 국내 주식 위탁 운용의 중장기 성과요인을 분해한 결과, 유형별 배분 효과가 초과 수익률보다 부정적인 영향을 끼치는 것으로 나타났다.
　국민연금의 국내 주식 액티브 위탁 운용 초과 수익은 유형 배분 효과와 운용사 선정 효과, 기타 효과로 구성된다.
　2018년까지 3년간 유형 배분 효과는 마이너스(-) 1.34%p, 운용사 선정 효과는 -0.4%p, 기타 효과는 0.05%p로 나타났다. 운용사 선정보다는 주로 위탁 운용 유형 배분 문제 때문에 국민연금 위탁 운용 수익률이 저조했던 것으로 분석된다.
　국민연금 국내 주식 위탁 운용은 현재 순수 주식형, 중소형주형, 책임 투자형, 장기 투자형, 액티브 퀀트형, 대형주형, 배당주형, 가치형 등 8가지로 구성된다. 국민연금의 국내 주식 위탁 운용 간 차별화도 되지 않아 위탁 운용을 통한 분산 투자의 의미도 퇴색된 것으로 드러났다. 국민연금 국내 주식 위탁 운용 8개 유형 벤치마크(BM)간 상관 계수 분석을 실행한 결과, 중소형주를

제외한 대부분의 유형의 벤치마크 상관관계가 매우 높아 위탁 운용 간 독립성이 부족한 것으로 나타났다.

국민연금 8개 위탁 운용 유형 중에서 중소형주형(22.29%p)과 장기 투자형(21.86%p)이 10년간 벤치마크 대비 누적 수익률이 높았다.

국민연금 국내 주식 위탁 운용 수익률은 2018년까지 5년 연속 BM을 밑돌아 위탁 운용 수수료를 지급하고도 제대로 된 성과를 내지 못한다는 비판을 받아왔다.

이에 국민연금은 국내 주식 위탁 운용사와 펀드 점검에 나섰으며, 국민연금 위탁 운용 전략 방향과 위탁 운용사와의 괴리를 줄이려고 했다.

국내 주식 위탁 운용 목적과 성과 개선에 부합하는 유형 분류 체계를 구축하는 것을 준비 중이다. 운용 환경 변화와 위험 관리 등을 진단해 벤치마크가 적정한지도 검토하고 있다.

국민연금연구원은 "스타일 운용에 따르는 분산 투자의 효과를 누리기 위해서는 운용 유형별 차별화가 적절하게 이뤄질 필요가 있다"고 설명했다.

② **[연구 조사] 국민연금 국내 주식 액티브 위탁 운용 및 국내 공모펀드 운용 유형 설정과 성과에 대한 연구(국민연금연구원, 2020), P62~P63/조은영, 반주일, 최희정, 태엄철**

2009년부터 2018년까지의 월별 데이터를 이용하여 위탁 운용 펀드 8개 유형 각각에 부여된 벤치마크 간의 상관도 분석 결과 중소형주형을 제외한 대부분의 유형의 벤치마크 상관관계가 높은 것으로 나타났다.

예를 들어, 국민연금 액티브 위탁 운용 순수 주식형을 기준으로 살펴보면 책임 투자형, 장기 투자형, 액티브 퀀트형, 대형주형, 배당주형, 가치주형 등 대부분의 유형과 강한 양(+)의 상관관계를 보였으며, 상관 계수는 0.9 이상으로 높은 수준이었다.

중소형주형의 경우 다른 유형에 비해 다소 차별성을 가지는 것으로 나타났으나 역시 마찬가지로 1% 유의 수준에서 통계적으로 유의미한 (+)의 상관관계가 있는 것으로 나타났다.

2009년부터 2018년까지의 월별 데이터를 이용하여 위탁운용 8개 유형 간 수익률의 상관도 분석을 실시한 결과 유형별 벤치마크 결과와 마찬가지로 유형 간 수익률 사이에도 상관도가 높은 수준으로 나타났다.

순수주식형의 수익률과 대부분의 유형의 수익률 간에는 강한 양(+)적 선형 관계가 존재하며, 이러한 결과는 피어슨 상관계수와 스피어만 상관 계수 모두에서 나타났다.

다른 유형들 역시 마찬가지로 유형 간 상관관계가 강하게 나타남을 확인할 수 있었다.

Q1. 기사와 연구 조사는 국민연금기금 국내 주식 위탁 운용의 위탁 유형별 차별화 부족을 지적하고 있습니다. 위탁 유형별 차별화가 부족한 원인은 무엇인가요?

A. 국민연금기금 위탁 운용 위탁 유형별 차별화가 부족하다는 지적은 다음의 2가지 이유로 설명할 수 있습니다.
① 위탁 유형별 운용 형태(= 벤치마크)가 유사합니다.

[위탁 유형별 벤치마크 구성 비중]

유형명 (단위: %)	KOSPI				KOSDAQ 100	합계
	대형주	중형주	소형주	기타		
순수 주식형	73.39	11.90	4.36	3.53	6.82	100.0
중소형주형	10.00	58.56	21.44	0.00	10.00	100.0
책임 투자형[5]	78.76	12.78	4.68	3.78	-	100.0
장기 투자형	78.76	12.78	4.68	3.78	-	100.0
액티브 퀀트형	90.82	9.18	-	-	-	100.0
대형주형	100.0	-	-	-	-	100.0
배당주형[6]	78.76	12.78	4.68	3.78	-	100.0
가치형[7]	78.76	12.78	4.68	3.78	-	100.0

---

5) 유형 특화형 벤치마크는 KOSPI 비중을 적용함.

6) 상기와 동일.

7) 상기와 동일.

국민연금기금 국내 주식 위탁 유형별 벤치마크 포트폴리오의 보유 비중을 살펴보면, 중소형주형을 제외한 나머지 위탁 유형의 종목 구성 비중은 유사한 모습이며, 이는 [연구 조사]의 결과도 뒷받침하고 있습니다.

위탁 유형 간 유사한 벤치마크가 부여되면 유사한 운용 형태를 보일 수밖에 없습니다.

[국민연금 국내 주식 위탁 운용 유형별 벤치마크 및 특징(2018년 말)]

유형명	벤치마크	주요 특징
순수 주식형	KOSPI × (1-S) + KOSDAQ100 × S	· 종목 리서치를 통한 스타일 및 종목 선택
중소형주형	(NPS-MS) × 0.8 + KOSPI_대형주 × 0.1 + KOSDAQ100 × 0.1	· 중소형주를 70% 이상 보유 · 종목 리서치를 통한 스타일 및 종목 선택
책임 투자형	NPS-FnGuide SRI 지수	· 지속 가능 종목군을 70% 이상 보유 · 기업의 사회적 책임 및 ESG를 고려한 투자 · 기업의 비계량적 요소를 평가하여 기업 가치 극대화가 가능한 기업에 투자
장기 투자형	KOSPI	· 장기 투자 종목군을 70% 이상 보유 · 장기 성장주나 저평가 소외주 등에 투자 · 장기적인 포트폴리오 관리를 통한 초과 수익 추구
액티브 퀀트형	KOSPI200	· KOSPI200 대비 리스크를 통제하여 계량적인 방법으로 초과 수익 추구

유형명	벤치마크	주요 특징
대형주형	KOSPI100	· KOSPI100 종목에 90% 이상을 투자 · 종목 선택을 통한 적극적 초과 수익 추구
배당주형	NPS-KRX배당지수	· 기업의 과거 및 미래 배당 수익률 및 배당 성장을 감안한 종목 선택을 통해 운용
가치형	NPS-MSCI가치지수	· 가치가 저평가된 종목에 투자하여 중장기적 초과 수익 추구

출처: 국민연금 국내 주식 위탁 운용 유형 체계 현황 및 개편 방향에 대한 시사점-태엄철, (연금포럼, 2019년 가을호 Vol.75)

② 위탁 유형별 차별화가 낮은 이유는 [위탁 운용-투자 목표(벤치마크)]를 분해와 조립의 관점이 아닌 위탁유형의 특징 중심으로 위탁 운용 체계를 설계한 결과입니다.

- 위탁 운용에 부여된 벤치마크의 분해와 조립 관점의 아닌 개별 위탁 유형 전략(= 주요 특징) 중심으로 위탁 유형을 도입하고 서로 유사한 벤치마크를 부여한 결과 각 위탁 유형은 종목의 중복 투자가 발생하여 위탁 유형별 차별화가 낮은 결과가 발생하였고, 8개의 위탁 유형을 운용함에도 시장 대응 능력이 낮아지는 부작용이 발생할 수 있습니다.

Q2. 위탁 유형별 차별화할 수 있는 방안은 무엇인가요?

A. 위탁 유형별 벤치마크의 독립성과 배타성을 확보하여야 합니다.

Q1의 [표: 위탁 유형별 벤치마크 구성 비중]과 같은 위탁 유형별 벤치

마크가 서로 유사하게 구성되면 위탁 유형별 차별화는 기대하기 어렵습니다.

그러므로 위탁 운용 설계 단계부터 [위탁 운용-투자 목표(벤치마크)]를 독립적이고 배타적으로 분해하여 하위 위탁 유형별 벤치마크를 마련하는 것이 바람직합니다.

복수의 위탁 유형으로 구성된 위탁 운용 체계가 상호 독립성과 배타성을 확보하였는지는 특정 종목 A가 하나의 위탁 유형에만 투자 가능한지를 확인함으로 검증할 수 있습니다.

예) 삼성전자, 대형주형에만 투자 가능: 독립성과 배타성 확보 (○)

  삼성전자, 8개 유형 모두 투자 가능: 독립성과 배타성 확보 (×)

Q3. 위탁 유형별 차별화가 부족하여 운용 성과가 부진하다고 분석하고 있습니다. 그렇다면 위탁 유형별 특성이 차별화되면 성과는 좋아지나요?

A. 위탁 유형별 차별화가 부족하면 성과가 부진하고, 차별화가 있으면 성과가 좋아지는 것은 아닙니다. 위탁 유형별 차별화 여부는 수익이 아닌 대응 전략의 관점에서 접근하여야 합니다.

위탁 유형별 차별화가 부족하면 2가지의 현상이 나타날 수 있습니다.

① 대응 전략 약화

 - 투자 계획이 [대형주-Growth]에만 투자한다면, [대형주-Growth]에만 투자 자금이 유입될 수 있는 위탁 운용 체계가 마련되어야 합니다.

 - 만일 [대형주-Growth]에 유입되어야 할 자금이 [중소형

주-Growth] 또는 [대형주-Value] 등에 분산된다면, 위탁 운용 전략의 효율성은 낮아지는 결과를 초래할 수 있습니다.

② 포트폴리오의 쏠림 현상 발생

　- 위탁 유형별 벤치마크 종목 구성이 유사할 가능성이 높고, 시장 상황과 수익을 추구하는 특성이 반영되면 모든 위탁 유형의 투자 방향이 특정 섹터/종목 등에 쏠림 현상이 발생할 수 있으며, 운용의 변동성이 커지는 결과를 초래할 수 있습니다.

[참조1] 공무원 연금 국내 주식 위탁 운용 유형별 벤치마크 및 특징

구분	벤치마크	주요 특징	운용 한도		파생상품
			주식	스타일	
순수 주식형	KOSPI	· 상장 주식 100% 이내 · 코스닥 20% 이내	60%		가능
중소형 주형	중소형 지수[8]	· 중소형 지수 내 종목이 NAV 60% 이상 유지 · 펀드 매니저의 업종 및 종목 선정 재량 부여	70%	60%[9]	가능
액티브 퀀트형	KOSPI 200	· 리스크를 통제하며 계량 모델 시스템 활용 · KOSPI 60% 이상, KOSDAQ 20% 이내	60%		가능

---

8) KOSPI_중형 지수: KOSDAQ_대형 지수 = 8:2 가중으로 배당 반영
9) KOSPI_중소형과 KOSDAQ을 합한 비중이 NAV의 60% 이상임

구분	벤치마크	주요 특징	운용 한도		파생상품
			주식	스타일	
배당 성장형	KOSPI (배당 반영)	· 배당 성장주 중심으로 배당 수익과 자본 이득을 추구 · KOSPI와 KOSDAQ 투자 가능	60%		가능
사회 책임 투자형		· ESG 등 책임 투자 요소를 고려해 종목 선정, 비중 결정	60%		가능
ETF 자문 일임형		· 자산 배분 모델을 활용하여 포트폴리오 구성 및 운용 · ETF 투자 NAV의 50% 이내 · 유가증권, 코스닥, 레버리지·인버스·구조화 등 파생형 ETF 운용 제한	50%		불가
적극적 투자형	KOSPI (배당 반영)	· 종목별 벤치마크 비중 대비 Over-Weight 지향 · 기존 펀드 대비 소규모(40개 내외) 종목 운용 · ETF 투자 NAV의 30% 이내	40%		가능

출처: 국민연금 국내 주식 액티브 위탁 운용 및 국내 공모 펀드 운용 유형 설정과 성과에 대한 연구(국민연금 연구원, 연구 보고서 2019-14, 조은형/반주일/최희정/태엄철)

[참조2] 사립학교교직원연금 국내 주식 위탁 운용 유형별 벤치마크 및 특징

구분	벤치마크	주요 특징	운용 한도		파생상품
			주식	스타일	
성장형	KOSPI (배당 포함)	· 주식 투자 한도: NAV의 95% 이상 · 코스닥 한도: NAV의 20% 이내	95%		불가
가치형			90%		
사회책임투자형					
배당주형		· 주식 투자 한도: NAV의 95% 이상 · 코스닥 한도: NAV의 20% 이내 · P/F 배당 수익률: 전년도 BM 배당 수익률 대비 50bp 이상 유지	95%		
중소형	중소형	· 주식 투자 한도: NAV의 95% 이상 · 코스닥 한도: NAV의 20% 이내	90%	70%	
인덱스형	KOSPI200 (배당 포함)	· 주식, 주가 지수 선물 및 옵션의 동일 방향 포지션: NAV의 100% 이내 · 주식, 주가 지수 선물 및 옵션의 동일 방향 포지션: NAV의 100% 이내	선물 포함 100% 내외		가능
액티브 퀀트형					

출처: 국민연금 국내 주식 액티브 위탁 운용 및 국내 공모 펀드 운용 유형 설정과 성과에 대한 연구(국민연금연구원, 연구 보고서 2019-14, 조은형/반주일/최희정/태엄철)

[참조3] 우정사업본부 국내 주식 위탁 운용 유형별 벤치마크 및 특성

구분	벤치마크	주요 특징	주식 한도
순수 주식형	KOSPI (배당 포함)	· 현물 주식 편입비 60% 이상	60%
장기 배당형		· 연간 매매 회전율 150% 이하	60%
EMP 펀드		· 국내·해외 주가 지수를 추종하는 주식형 ETF를 최소 2개 이상 편입 · 펀드의 50% 이상이 주식형 ETF	50%
성장형		· 주식 편입비 60% 이상 · 중소형 + 코스닥 50% 미만	60%
장기 투자형		· 연간 매매 회전율 200% 이하 · 주식 편입비 50% 이상 · 중소형 + 코스닥 50% 미만	50%
사회 책임형		· 현물 주식 편입비 60%이상 · 중소형 + 코스닥 50% 미만 · 가이드라인에 사회 책임 투자	60%
ETF형		· 지수 추종(KOSPI, KOSPI200) 상장 지수 펀드	60%

액티브 퀀트	KOSPI200 (배당 포함)	· 현물 주식 편입비 60% 이상으로 계량 모델을 활용하여 운용	60%
차익 거래형		· 시장 등락과 무관한 안정적 수익 추구가 목표 · 주식과 파생 상품을 활용한 차익 거래 전략 추구	60%
인덱스형		· KOSPI200 추종 혹은 복제	60%
인덱스 알파형	KOSPI200	· KOSPI200 추종 혹은 복제	60%
액티브 퀀트형	KRX300 (배당 포함)	· 계량 모형을 활용하여 운용 · 현물 주식 편입비 60%	60%
중소형	중소형 지수	· 거래소 중소형와 코스닥 편입 비중이 평균 50% 이상	60%
절대 수익형		· 시장 상황에 따라 주식 비중을 변화하여 수익 극대화	~100%
주가 지수 연계 펀드 (ELF)형	CD+3%	· 기초 자산이 국내·해외 주가 지수인 ELS 및 ELS 수익 구조 복제 상품 투자	-

출처: 국민연금 국내 주식 액티브 위탁 운용 및 국내 공모 펀드 운용 유형 설정과 성과에 대한 연구(국민연금 연구원, 연구 보고서 2019-14, 조은형/반주일/최희정/태엄철)

제2장 DO

Do 단계는 Plan 단계의 계획을 실현하는 일련의 과정을 수행합니다.

Do 단계는 Plan 단계와 마찬가지로 최적의 모범 답안은 존재하지 않지만, 위탁 운용 담당자가 명심해야 할 핵심 단어는 '견적'과 'Better'입니다.

투자 기관이 처한 상황과 특성은 다양하므로 '견적'이 중요합니다.

위탁 운용을 실행하는 투자 기관의 기대 수익과 위험 허용도, 운용 규모 및 증가 추이, 장기 및 단기 투자 전략, 국내외 시장 영향 등이 다양함에 따라 유일한 최적의 위탁 운용 체계란 존재할 수 없습니다.

투자 기관이 구축하고 있는 위탁 운용 체계는 직면한 투자 환경 및 제약 조건, 특성 등을 반영한 최선의 상태라고 이해하여야 합니다.

완벽한 특정의 위탁 운용 체계는 존재하지 않으므로 위탁 운용 체계는 상호 비교하는 견적을 통하여 작지만 꾸준한 개선을 추구하여야 합니다.

[작은 개선의 사례: 견적의 중요성]

투자 기관 A의 위탁 운용 체계가 85점이라고 가정하면,

위탁 운용 담당자 Mr. K는 다음 2가지를 선택할 수 있습니다.

- 85점을 100점으로 만드는 방안
- 85점을 86점 이상으로 만드는 방안

우선 Mr. K는 목표하는 100점의 상태와 현재 85점인 상황을 비교하고 그 이유를 분석하여야 합니다.

① 현재 위탁 운용 체계 85점은 투자 기관 A가 직면한 각종 제약 조건을 고려한 최선의 위탁 운용 체계일 수 있으며,

② 목표하는 100점을 만드는 결정은 기존의 85점 체계를 무너뜨리고, 부족한 15점만을 채울 수 있는 방안인지도 검토하여야 합니다.

위탁 운용 체계는 최고(= Excellent)가 아닌 개선(= Better)에 집중

위탁 운용의 영역은 현실적인 검증을 통한 대안별 우위를 비교하기 매우 어렵기 때문에 위탁 운용 담당자들은 다양한 대안별 견적서를 작성해 보고 비교하여 개선의 가능성에 대한 실마리를 찾아야 합니다.

그러므로 위탁 운용 담당자는 ① 최고(= Excellent)만을 추구하는 함정을 경계하고, ② 숫자를 중심으로 ③ 관련 사례 등을 활용하여 비교 견적표를 작성하여 개선 가능성을 점검하여야 합니다.

[비교 견적표(예시)]

AS – IS (A)	TO – BE (B)	개선 (B - A)
(주요 내용) …	(주요 내용) …	(B - A) > 0
지금은 이런데	앞으로는 이럴 거야	그래서 이런 게 좋아져
지금은 얼마인데	앞으로는 얼마일 거야	그래서 얼마 좋아져

Do 단계에서 고민해야 할 주제

2.1 인터뷰

2.2 운용 비용의 관리

2.3 위탁 운용사 평가 항목과 배점

2.4 위탁 규모 증가에 대비하는 그룹별 위탁 운용사 관리 방안

2.1 인터뷰

Do 단계에서 가장 중요한 것 중 하나는 위탁 자산을 운용하는 위탁 운용사의 운용역 등과의 인터뷰입니다.

운용 인력 등과의 인터뷰는 서로 간의 대화를 통하여 투자와 관련된 모든 운용 인력 및 프로세스, 각 지원 부서의 전문 인력, 법률(준법 감시인) 및 운영 전문가 등을 만날 수 있는 기회이므로 필수적으로 진행해야 할 과정입니다.

인터뷰는 단순한 만남뿐만 아니라 위탁 운용사의 운용 전략과 인력 등에 대한 많은 정보와 위탁 운용 전반에 필수적인 많은 정보를 확보할 수 있는 기회를 제공하고, 축적된 인터뷰 정보는 운용 인력 리서치 영역으로 확대가 가능하므로 위탁 운용 담당자는 인터뷰의 중요성을 인식하고 있어야 합니다.

성공적인 인터뷰의 핵심

성공적인 인터뷰의 핵심은 '철저한 사전 준비'입니다.

인터뷰에 참여한 위탁 운용 담당자가 아무런 준비 없이 운용 인력 등이 발표하는 내용을 수동적으로 듣고 질문하는 형태는 단순한 시간 낭비입니다.

그러므로 위탁 운용 담당자는 위탁 운용사와 운용 인력 등에 대한 많은 정보를 사전에 수집하고 분석하여야 하며, 그동안 축적된 분석 정보가 깊이 있다고 하더라도 반드시 운용 인력 등과 인터뷰를 진행하여야 합니다.

성공적인 인터뷰를 위한 준비물

① 사전 정보 수집
 - 인터뷰를 실행하기 전에는 대상 운용사, 운용 인력 및 관련 전문가에 대한 모든 정보를 수집하고 정리합니다.
② 예상 질문 정리
 - ①과 관련 정보가 정리되면 운용 인력 인터뷰 중에 진행할 예상 질문 목록을 작성합니다.
 - 예상 질문 목록 작성이 중요한 이유는 운용 인력 인터뷰를 통하여 불필요한 시간 낭비 없이 파악하고자 하는 항목 등을 충분히 이해할 수 있기 때문입니다.

인터뷰를 위한 참고 사항

① 인터뷰는 의견 교환의 기회
 - 인터뷰의 목적은 서로 편안한 분위기에서 운용과 직·간접적인 항목들에 대하여 효과적으로 의견을 교환하는 것입니다.
 - 위탁 운용 담당자에게 인터뷰는 심문이 아니라는 점을 명심해야 합니다. 인터뷰와 심문의 경계는 모호하지만, 인터뷰 중 이것이 인터뷰인지 심문인지 모호한 상황은 미연에 방지하여야 합니다.

인터뷰	심문
특정한 목적을 가지고 개인이나 집단을 만나 정보를 수집하고 이야기를 나누는 일	① 자세히 따져서 물음, ② 법원이 당사자나 그 밖에 이해관계가 있는 사람에게 서면이나 구두로 개별적으로 진술할 기회를 주는 일

② 운용 인력 및 주요 투자 관련 인력과의 인터뷰에 많은 시간을 할애하지만, 운용 지원 부서 인력에도 세심한 관심을 가져야 합니다.

- 주요 지원 부서는 매매(Trading), 리스크 & 컴플라이언스, 영업 인력 등 운용 과정에 관여할 수 있는 모든 인력이 포함됩니다.

③ 가능하다면, 실제로 운용을 담당하는 운용 인력과 1:1 시간을 갖도록 노력해야 합니다.

- 다양한 투자 관련 인력과의 인터뷰는 운용 조직이 어떻게 협력하고 조화를 이루고 있는지 파악하는 데 용이한 장점이 있으나

- 개별 질문들은 선임 운용인력 또는 고위층(CEO, CIO, CMO 등)이 답변하는 경향이 있고, 실제 운용 인력의 답변 내용은 선임 운용 인력 또는 고위층의 발언에 영향을 받는 현상을 쉽게 볼 수 있습니다.

※ 성공적인 인터뷰를 위한 작은 조언

① 추천 도서: 시장의 마법사들 - 세계 최고의 트레이더들과 나눈 대화(저자: 잭 슈웨거, 출판: 이레미디어, 2008년)

- 최고의 트레이더와의 인터뷰를 통해 효과적인 인터뷰 진행과 방법을 고민할 수 있고 인터뷰 기술과 능력을 향상시킬 수 있는 좋은 교재입니다.

- 위탁 운용 담당자는 잭 슈웨거가 진행한 대화보다 좀 더 거칠 수 있지만 세부적인 질문으로 서로의 견해를 공유할 수 있는 인터뷰를 진행할 수 있습니다.

② 추천 방법: 인터뷰 녹음

- 위탁 운용 담당자의 인터뷰 역량을 높일 수 있는 좋은 방법이며, 질문 내용이 상대방에게 명확하게 전달되는지, 주제에 충실한 질문인지, 시간 낭비 요인은 있었는지 등을 복기하고 점검해 보는 것은 성공적인 인터뷰의 실마리가 될 수 있습니다.

2.1.1 운용 인력과 인터뷰

운용 인력 인터뷰는 가능하면 잘 꾸며진 회의실이 아닌 실제 운용이 이루어지는 사무실 공간에서 진행하는 것을 권장합니다.

운용 인력의 사무실 공간은 개인적인 또는 운용 조직의 특징을 이해할 수 있는 근거를 제공하고, 특히 운용 인력이 현재 무엇을 하고 있는지에 대한 단서를 제공할 수 있습니다.

사무 공간에서 운용 인력 인터뷰를 권장하는 이유는 운용 인력이 실제로 어떻게 업무하는지 그 사례를 파악하는 것이 중요하기 때문입니다. 특히 운용 인력과 함께 그의 컴퓨터 앞에 앉아서 실제 운용 사례를 살펴보는 것을 권장합니다. 그 이유는

① 운용 인력의 업무에 대해 더 잘 이해할 수 있고, 운용 조직의 인력 및 프로세스 등에 대한 강점 및 약점을 파악할 수 있는 원인을 제공하기 때문입니다.

② 운용 인력들이 실제로 투자 관련 시스템을 어떻게 또는 얼마나 능숙하게 다룰 수 있는지를 확인하는 과정 역시 중요합니다.

운용 관련 시스템 등은 화려하게 만들어진 위탁 운용사 소개 자료에서 확인하는 것도 한 가지 방법이나, 실제로 운용 관련 시스템을 직접 확인하는 것은 완전히 다른 것입니다.

- 실제 위탁 운용사 소개 자료에 포함된 운용 프로세스 및 관련 시스템 등은 설명된 자료와 다른 경우가 의외로 많고, 최종 사용자인 운용 인력의 시스템 활용 수준 평가는 매우 중요한 항목입니다.

위탁 운용 담당자는 운용 인력과 인터뷰를 진행하였다면

- 인터뷰 자료는 자료화(Data Base)하고 축적하여 활용할 수 있어야 하며, 다음과 같은 일반적인 질문에 대답할 수 있어야 합니다.

Q1. 투자 기관 A가 투자한 위탁 자산의 책임 운용역 (정)과 (부)는 누

구입니까?

A. 투자 기관 A가 투자한 위탁 자산에 대한 '일상적인(= 매일) 투자 의사 결정을 누가 하는가?'에 대한 질문입니다. 책임 운용역(정)은 투자 종목을 언제, 사고, 팔지를 실제로 결정합니다. 위탁 운용사 내 모든 운용 인력을 아는 것도 중요하겠지만, 책임 운용역(정/부)의 배경, 경험, 특징, 강점 및 약점 그리고 업무량을 세밀히 파악하는 것이 더 중요합니다.

책임 운용역(정/부)이 투자 기관 A의 위탁 자산에 보다 집중할 수 있는 여건을 판단할 수 있도록 해당 업무량과 업무 부담 등을 확인하는 것도 필요합니다. 책임 운용역(정)이 휴가 및 이직 등으로 일시적으로 운용에 집중하지 못하는 상황이라면, 이를 대체할 수 있는 책임 운용역(부)은 누구인지 확인하는 절차가 필요합니다. 책임 운용역(부)이 확보되고 책임 운용역(정)의 부재에 대한 우려를 상당 부분 경감시킬 수 있다면, 안정적인 위탁 자산의 성과를 기대할 수 있습니다.

그러므로 책임 운용역(부)의 존재 여부를 확인하고, 책임 운용역(정)과 함께 상호 업무 분담에 대하여 의견을 교류하고 알아가는 것을 권장합니다.

Q2. 운용팀의 구성원은 어떻게 협력합니까?

A. 모든 구성원이 자신의 책임을 분명히 알고 성공적인 운용 전략 구현을 위해 최선의 헌신과 협력하는 운용팀인지를 찾아내기 위한 질문입니다.

'성공적인 팀워크는 이렇다'라는 인정된 법칙은 없지만, 운용팀의 역동성을 이해하는 것은 중요합니다. 다만, 성공적인 팀워크에 대한 결론은 사례별로 다릅니다.

즉, ⓜ운용사에 효과가 있는 팀워크가 ⓖ운용사에는 효과가 없을 수도 있다는 점을 명심하여야 합니다.

Q3. 각 운용 인력들의 역할과 책임은 무엇입니까?

A. 각 운용 인력들의 역할과 책임에 대해 완전하게 파악하기 위한 질문입니다.

우선 파악해야 할 중요 항목은 각 운용 인력별 전문 분야를 파악하는 것이고, 운용 성과에 어떻게 기여하는지를 알아봐야 합니다. 이러한 정보를 지속적으로 축적하여 모니터링하면, 향후 위탁 운용사의 조직 및 운용 프로세스의 안정성 등을 평가하는 데 유용하게 활용할 수 있습니다.

Q4. 투자 자산의 매매 책임자는 누구입니까?

A. 운용과 거래 기능이 분리되어 있는지 확인하기 위한 질문입니다. 투자 자산의 거래는 매우 중요한 기능이므로 누가 매매(trading)를 수행하며 이 기능이 운용 성과에 어떻게 기여하고, 평가받는지를 확인하는 과정이 필요합니다.

Q5. 투자 프로세스 및 포트폴리오 구성은 어떻게 되나요?

A. 위탁 운용사 내부에서 실제로 일어나는 투자 프로세스 전반에 대한 질문이며, 투자 종목의 검토, 매입, 보유 그리고 매도하는 운용 및 관리 프로세스를 확인하기 위한 질문입니다.

가능하면 실제 포트폴리오 구성 및 관리 방식을 확인할 수 있는 종목 선정 사례를 중심으로 접근하며, 최근 사례를 중심으로 과거 사례를 참조하여 질문에 접근하는 것이 바람직합니다.

사전에 분석한 포트폴리오가 있다면, 포트폴리오 구성 절차에 보다 용이하게 접근할 수 있습니다.

① 종목별 보유 비중을 결정하는 방법은 무엇이고,
② 결정권자는 누구이며,
③ 어떠한 과정과 어떻게 결론에 도달하는지를 확인합니다.
④ 포트폴리오가 적절하게 구성되도록 지원하는 프로세스 또는 시스템을 확인합니다.

Q6. 포트폴리오 리스크 분석은 누가 담당합니까?

A. 운용 프로세스 및 관리 방식 중 리스크 분석 업무는 포트폴리오의 잠재적인 위험을 관리하기 위한 성과 평가, 위험 및 스타일 분석 등을 수행함으로 매우 중요한 요소입니다.

위탁 운용사가 구축하고 운용 중인 리스크 관련 분석 시스템을 확인하고, 리스크 담당 책임자의 통제 권한 등을 확인하여야 합니다.

Q7. 운용 인력이 사용하는 시스템 및 자원은 무엇이며, 각 시스템 및

자원은 운용 중인 위탁 자산에 어떻게 적용되고 있나요?

A. 투자 분석을 위한 컴퓨터 하드웨어와 소프트웨어는 무엇이 있고, 어떻게 활용되는지를 확인하는 질문입니다.

포트폴리오를 효과적으로 분석하고 관리하기 위해 내부 자체 시스템 및 제3자 등이 구축한 외부 시스템에 대한 평가는 중요합니다. 가능하다면 운용사가 보유한 내/외부 시스템이 어떻게 작동하는지를 시연을 요청하는 것을 권장합니다. 또한 책임 운용역(정/부)의 컴퓨터 앞에 앉아서 관련 분석 시스템 등이 어떻게 작동하는지 또는 능숙하게 활용하는지와 분석 화면에서 어떠한 정보가 제공되는지를 확인하여야 합니다.

※ 최고 수준의 이상적인 분석 시스템이란, 많은 비용이 투입되어 화려한 분석 화면을 제공하는 시스템이 아닌 운용 인력들의 고민과 노력의 손때가 묻은 시스템이라는 점을 기억해야 합니다.

Q8. 포트폴리오 운용 전략을 논의하기 위해 얼마나 자주 만나나요?

A. 전체적인 팀워크 수준과 조직 역량을 파악할 수 있는 추가 실마리를 제공할 수 있는 질문이며, 모임의 형태는 공식 회의와 비공식 회의를 모두 포함해야 합니다.

Q9. 위탁 운용사 내부 조직 변경 등으로 담당 역할이 변경된 적이 있

습니까?

A. 운용 인력의 과거 포트폴리오 기록을 적절하게 평가하고, 운용 조직의 이직률 수준과 현재 운용 인력의 과거 운용 경험 및 포트폴리오 구성에 어떠한 기여를 했는지 확인하는 질문입니다.

예를 들어, 담당 업종이 IT인 애널리스트가 작년에 제약 및 바이오 업종을 담당하였다면, 추가 질문으로 현재 제약 및 의료업종은 누가 담당하고 있는가? 그리고 의료 및 바이오 업종 담당이 IT 업종을 담당하는 이유를 파악하여야 합니다.

Q10. 매매 원칙은 무엇입니까?

A. 위탁 운용사의 매매 원칙 중 가격이 하락하는 종목에 대한 손절매 절차에 대하여 질문하고 구체적인 사례를 살펴봐야 합니다.

만일 손절매하는 경우, 고려되는 내부 규정은 무엇이고 그 내부 규정을 위반한 적이 있는지 알아봐야 합니다. 매매 원칙 중 손절매 절차가 없다면 가격이 지속적으로 하락하는 경우 어떻게 처리하는지를 질문해 봐야 합니다.

① 예상 밖으로 가격이 하락하는 종목에 대해 백기를 들고 다 팔아치울 것인가?

② 가격이 하락한 종목의 투자 매력을 확인하고 더 많은 종목을 매수했는지(또는 매수할 것인지)를 알아보는 것도 매매 원칙을 확인할 수 있는 좋은 방법입니다.

Q11. 개별 종목이 포트폴리오에 포함되기 위하여 요구되는 검토 수준과 절차는 무엇입니까?

A. 개별 종목 토론을 위한 핵심 질문입니다.
일반적으로 운용 인력의 컴퓨터 또는 각종 자료 등을 검토할 수 있으면 좋으며, 가능하면 개별 종목 리서치 사례를 요청하도록 합니다.
또한 분석된 개별 종목이 어떠한 내부 프로세스를 걸쳐 포트폴리오에 편입되는 과정을 확인함으로써 운용 인력이 어떠한 방식으로 운용 과정에 기여하는지를 확인합니다.

2.1.2 개별 운용 인력과 인터뷰

Q1. 당신의 투자 경력은 어떻게 됩니까?

A. 이 질문은 모든 운용 인력에게 해야 하며, 질문을 하는 이유는 각 운용 인력들의 경력을 확인하고, 투자한(할) 자산에 대한 이해와 운용 인력의 전문성에 대한 신뢰를 구축할 수 있습니다. 이전 운용사의 투자 경력이 언급되면, 그의 주장을 확인할 수 있는 기록 및 성과를 요청하고 확인합니다.

Q2. 각 운용 인력의 투자 스타일 또는 방법은 어떻게 변화하였습

니까?

A. 변화 그 자체는 좋거나 나쁘다는 것을 의미하지는 않습니다. 다만 변화하였다면 어떻게 변화하였는지, 그 이유를 알고자 하는 것입니다. 운용 인력의 과거 투자 방식이 어떻게 변화하였는지를 파악하는 것은 현재 운용 스타일과 수준을 이해하는 데 도움이 될 수 있으며, 포트폴리오의 스타일과 역사적 속성에 대한 정보를 얻을 수 있습니다.

Q3. 투자 경력 중 최고와 최악의 투자 결정은 무엇입니까?

A. 대부분의 운용 인력들은 성공 사례를 많이 언급합니다. 그러나 실패했던 투자 사례에 대하여 질문할 필요가 있습니다. 이러한 질문은 운용 인력과 인터뷰를 진행하기 전에 과거 포트폴리오를 분석하여 가격 하락을 경험한 특정 종목들을 파악하고, 이들 종목에 대한 정보를 수집한 후 질문하는 것이 효과적입니다.

※ 사전 인터뷰 준비의 중요성을 재차 강조하는 질문입니다.
철저한 사전 준비로 위탁 운용사와 운용 인력에 대하여 잘 파악하고 있다면 지능적인 질문이 가능해집니다
과거 포트폴리오의 특성을 이해하기 위한 시간과 노력을 투입하지 않았다면, 운용 인력의 답변을 효과적으로 평가하기 어렵습니다.

Q4. 현재 검토 중인 종목을 선택하여 투자 프로세스와 향후 진행 상

황에 대해 알려줄 수 있습니까?

A. 운용 인력이 투자 포트폴리오에 투자 종목을 넣기 전의 과정에 대하여 알아보는 질문입니다.

'현재 검토 중'이란 현재 투자 포트폴리오에 포함되어 있지 않은 종목을 의미하며, 이에 대한 답변은 정교하지 않을 수 있습니다.

Q5. 자동차 업종 및 포트폴리오 관리 능력에 대해 설명해 주시겠습니까?

A. 위탁 운용사의 종목 리서치 및 포트폴리오 관리 시스템에 대한 실질적이고 실제적인 사례를 찾기 위한 질문입니다.

현재 조사 연구 중인 업종 또는 개별 종목을 선택하여 투자 프로세스가 어떻게 진행되는지에 대한 실제 사례를 요청합니다. 실제 포트폴리오에 종목이 편입되기 위한 과정과 의사 결정 등을 자세히 분석할 수 있습니다.

Q6. 당신의 강점과 약점은 무엇입니까?

A. 평범한 질문이지만 놀라울 정도로 솔직한 결과를 도출하는 질문입니다. 인터뷰를 통하여 각 운용 인력은 강점과 약점을 평가받지만, 운용 인력 자신의 평가가 때로는 유용한 정보를 제공하기도 하며, 자신의 장/단점을 다른 동료 운용인력과 시너지를 발생시키는 요인이 있는지 파악

하는 것도 좋습니다.

이상 나열된 질문은 일반적인 질문으로 추가적인 질문을 유도하기 위한 것입니다. 각 운용 인력에게 전문적인 질문을 시도하려면 인터뷰 이전 단계에서 수집한 자료 등을 활용하여 질문과 결합하는 것이 이상적입니다.

2.1.3 운용 인력 인터뷰 – 속성편

위탁 운용 담당자에게 인터뷰는 가장 중요한 업무 중 하나입니다.
앞에서 언급한 인터뷰 과정은 이상적인 접근이지만, 위탁 운용 규모가 증가하고 타 업무량이 증가하는 상황 등의 시간 제약에서는 인터뷰에 기대만큼 충분한 시간을 확보하기 어렵습니다.
그러므로 위탁 운용 담당자는 인력과 시간 제약 상황에서 효율적인 인터뷰 방안을 강구해야 합니다.

인터뷰 양식을 마련하고, 인터뷰 대상과 내용은 압축하여 진행

[운용 인력 인터뷰 – 속성편]은 현재 운용 중인 운용 인력 중심으로
① 인터뷰는 [인터뷰 양식(4page)]를 마련하여 불필요한 논점과 시간 낭비를 예방합니다.
 - 매 분기 1회 & 1시간 이내 진행을 권장합니다.

② 인터뷰는 평가 과정이 아닌 투자 전략의 공유와 개선이 목적입니다.
  - 인터뷰는 과거 운용 성과의 과실에 대해 평가하는 것이 아니며, 과거, 현재 그리고 미래의 투자 전략과 그 변화 과정의 배경 등을 상호 공유하고, 더 개선된 위탁 운용 전략(= 여건)을 만드는 것입니다.
③ 인터뷰는 일회성으로 끝나는 행위가 아니며 꾸준하게 분기별로 진행한 인터뷰 자료는 3년(= 12회), 5년(= 20회) 이상 축적하면 단순한 인터뷰 자료 이상의 분석 재료가 될 수 있습니다.

인터뷰 양식(4page)

[개요]

기준일	20X7. 12. 31	유형명		위탁 담당자	
운용사명		벤치마크		인터뷰일	
매니저명		설정일			

[성과 추이]

구분(%, 억 원)	'X7년	'X7 4Q	'X7 3Q	'X7 2Q	'X7 1Q	'X6년	'X6 4Q	'X6 3Q	'X6 2Q	'X6 1Q
RT										
BM(+)										
운용 규모										

현금 비중								
배당 수익률								
회전율								

· 배당수익률: 총 수익률 - 배당금을 제외한 수익률

[규모별 Active Bet 20X7.12.31 현재]

규모	보유 비중(%, A)		BM 비중(%, B)		Active Bet(A-B)	
	기초	기말	기초	기말	기초	기말
KS_대형						
KS_중형						
KS_소형						
KS_기타						
KOSDAQ						
현금 등						
합계						

[Active Bet (+) / (−) 상위 5업종 20X7.12.31 현재]

(+) 업종	보유 비중(%, A)		BM 비중(%, B)		Active Bet(A-B)		순매수
	기초	기말	기초	기말	기초	기말	
합계							

(−) 업종	보유 비중(%, A)		BM 비중(%, B)		Active Bet(A-B)		순매수
	기초	기말	기초	기말	기초	기말	
합계							

[Active Bet (+) / (−) 상위 10종목 20X7.12.31 현재]

(+) 종목	보유 비중(%, A)		BM 비중(%, B)		Active Bet(A-B)		순매수
	기초	기말	기초	기말	기초	기말	
합계							

(−) 종목	보유 비중(%, A)		BM 비중(%, B)		Active Bet(A-B)		순매수
	기초	기말	기초	기말	기초	기말	

(-) 종목	보유 비중(%, A)		BM 비중(%, B)		Active Bet(A-B)		순매수
	기초	기말	기초	기말	기초	기말	
합계							

[저유동성(Exit Period) 상위 10종목 20X7.12.31 현재]

종목	Exit Period	보유 금액		보유 비중		분기 순매수
		분기 말	분기 초	분기 말	분기 초	
합계						

$$\cdot \text{Exit Period} = \frac{\text{분기말 보유 주식 수}}{\text{최근 20영업일 평균 거래량} \times 30\%}$$

[초과 성과 기여도 분석_업종 & 종목 20X7.12.31 현재]

업종	(+) 초과 성과 기여도	XX 요인	YY 요인	업종	(-) 초과 성과 기여도	XX 요인	YY 요인
합계				합계			

종목	(+) 초과 성과 기여도	XX 요인	YY 요인	업종	(-) 초과 성과 기여도	XX 요인	YY 요인

종목	(+) 초과 성과 기여도	XX 요인	YY 요인	업종	(-) 초과 성과 기여도	XX 요인	YY 요인
합계				합계			

[거래 상위 업종 & 종목 20X7.12.31 현재]

| 업종 | 순매수 | 비중 변화 | | 업종 | 순매도 | 비중 변화 | |
		보유 비중	Active Bet			보유 비중	Active Bet
합계				합계			

| 종목 | 순매수 | 비중 변화 | | 업종 | 순매도 | 비중 변화 | |
		보유 비중	Active Bet			보유 비중	Active Bet

종목	순매수	비중 변화		업종	순매도	비중 변화	
		보유 비중	Active Bet			보유 비중	Active Bet
합계				합계			

[Valuation 추이]

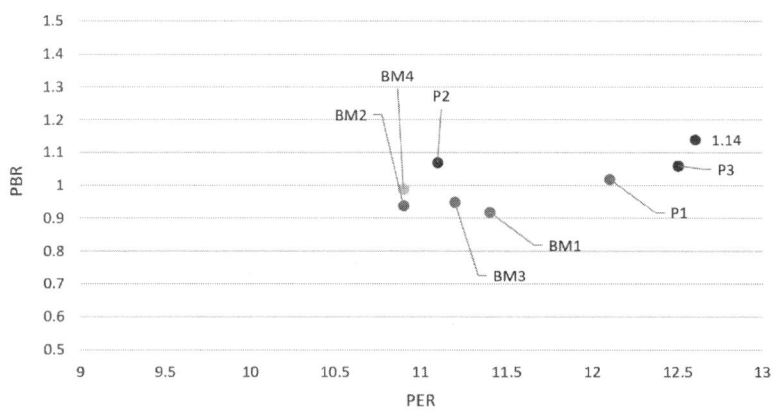

- P1: 보유 포트폴리오의 1기말 PBR & PER
- BM1: BM 포트폴리오의 1기말 PBR & PER

1. 총평
2. 투자 전략
3. 운용 조직과 프로세스

2.1.4 영업 인력과 인터뷰

 경영 관리, 영업 등의 인력과 인터뷰는 위탁 운용사의 운영 측면을 파악할 수 있어 유용한 시간이 될 수 있습니다.

 영업 부서는 위탁 운용사의 성장에 매우 중요한 역할을 담당합니다. 인터뷰 대상을 선정할 때, 능숙한 영업 인력/조직은 관심을 받지 않는 경우가 많지만 위탁 운용사 성장에 중요한 역할을 담당하기 때문에 영업 조직의 구성이 얼마나 우수한지 평가하는 것은 중요합니다.

 사업의 관점에서 위탁 운용사는 생존을 위한 수익 확보가 절실합니다.

새로운 투자 자산 및 그에 따른 수익 확보 방안이 마련되지 않는 다면, 위탁 운용사의 지속 가능한 성장에 심각한 악영향을 받게 됩니다.

영업 인력과 인터뷰를 진행하였다면, 위탁 운용 담당자는 다음과 같은 질문에 대답을 할 수 있어야 합니다.

Q1. 과거 운용 규모의 변동 추이와 특징은 무엇인가요?

A. 영업 인력은 모든 운용사 성장에 필수적인 요소입니다. 위탁 운용사의 성장 기반과 특징 등에 이해하고 운용 규모 조달의 원천이 무엇인지를 파악하는 것은 중요하며, 특히 투자 기관 A가 투자하는(= 예정인) 상품이 어떠한 성장 과정과 특징이 있었는지를 파악하는 것은 중요합니다.

Q2. 투자 기관 A가 속한 투자군(연기금, 공제회, 금융 투자, 보험 등)에서의 강점과 약점은 무엇입니까?

A. 위탁 운용사의 자원을 어떻게 활용하는지 확인할 수 있는 질문입니다.
영업 조직이 고객의 요구를 얼마나 효율적으로 대응할 수 있고, 이를 위하여 제공하는 서비스 내역 등을 확인함으로써 장기적인 운용 파트너로서 적합 여부를 판단할 수 있는 실마리를 제공할 수 있습니다.

Q3. 영업 조직이 역량을 집중하고자 하는 투자 전략 또는 상품은 무엇입니까?

A. 투자 기관 A의 투자 전략에 부합하는 위탁 운용사를 선정하는 과정에서 영업 조직의 역량을 어디에 집중할지를 파악하는 것은 중요합니다.

투자 기관 A는 [주식-국내-가치주]에 집중할 계획을 가지고 있는 상황에서 위탁 운용사는 [주식-해외-성장주]에 집중한다면, 투자 기관 A의 위탁 운용 담당자는 해당 위탁 운용사를 선정함에 있어 신중하게 접근하여야 합니다.

2.1.5 위험 관리 책임자/준법 감시인과의 인터뷰

위험 관리 책임자 및 준법 감시인의 중요성은 점점 높아지고, 운용 조직의 완벽한 모습을 파악하기 위해서 필수적으로 살펴봐야 합니다.

운용 관련 리스크 및 법률 등 담당자와의 인터뷰는 운용과 관련된 대내외 규정 및 절차 등을 철저하고 적절하게 수행하는지에 대한 이해도를 높일 수 있습니다.

위험 관리 책임자에게 물어볼 질문

Q1. 위험 관리 조직의 구성과 인력은 어떻게 되는지요?

A. 위험 관리 조직의 권한 및 책임 등의 독립성 여부와 구성원의 경력 등을 파악하여, 위험 관리 조직의 기여도와 역량 등을 파악할 수 있는 질문입니다.

Q2. 위험 관리 및 관련 위원회 규정, 위험 관리 시스템 보유 현황, 산출 데이터 및 적용 사례, 모니터링 체계 등에 대한 설명을 요청합니다.

A. 위탁 운용사 내부의 위험 관리 규정과 과거 개정 내역 등을 살펴보고, 효과적인 위험 관리 체계가 마련되었는지를 파악하는 질문입니다.

준법 감시인에게 물어볼 질문

Q1. 준법 감시인(조직)의 구성과 인력은 어떻게 되는지요?

A. 준법 감시인의 권한 및 책임 등의 독립성 여부와 구성원의 경력 등을 파악하여, 준법 감시인의 기여도와 역량 등을 파악할 수 있는 질문입니다.

Q2. 운용과 관련되어 준수해야 할 규정 등의 사본을 볼 수 있나요? 최근 N년간 감독 기관 조치 사항은 어떤 것이 있었나요?

A. 운용과 관련된 규정 및 절차의 준수 과정이 전혀 없거나 미미한 위탁 운용사는 엄격하게 규정 및 절차를 준수하는 위탁 운용사에 비해 윤

리적 또는 법적 위반에 더 취약합니다.

Q3. 내부 규정 및 절차 요건에 대한 위반 가능성을 어떻게 추적합니까?

A. 준법 감시인(조직)은 발생 가능한 위반 사항을 식별하기 위해 어떤 조치를 취하는지 이해하기 위한 질문입니다. 내부 절차 등의 프로세스를 누가 담당하고 얼마나 자주 수행되는지 아는 것이 중요합니다.

2.1.6 시스템 관리 인력과의 인터뷰

투자 프로세스 등은 대부분 정보 관련 시스템에 기반을 두고 있다는 사실을 감안하면, 시스템 관리 인력과의 인터뷰는 필수적입니다.

시스템 전문 인력, 하드웨어/소프트웨어, 백업 시스템 및 작업 흐름 등은 위탁 운용사의 전반적인 효율성을 결정하는 중요한 요소입니다.

시스템 관리 인력과 인터뷰를 진행하였다면, 위탁 운용 담당자는 다음과 같은 질문에 대답을 할 수 있어야 합니다.

Q1. 투자 및 포트폴리오 관리 프로세스에는 어떤 내부/외부 시스템을 사용하며, 시스템 관리 책임자는 누구입니까?

A. 만일 위탁 운용사 내부가 아닌 외부 업체가 시스템 또는 프로그램에 대한 관리 책임이 있는 경우, 해당 시스템 또는 프로그램을 변경하거나 수정할 수 있는 절차 또는 방법론을 확인하는 질문입니다.

위탁 운용사의 시스템 기능을 외부 업체에 완전히 일임 관리하는 경우, 시스템 담당자 또는 외주 업체에 대한 세부 정보와 과거 개선 내역 등을 확인합니다.

Q2. 내부 네트워크는 어떤 형태를 유지하고 있으며, 운용인력이 외부 또는 재택근무 시 보안 전산망에 접속하는 방식은 무엇입니까?

A. 위탁 운용사 네트워킹 시스템의 효과와 효율성을 평가하고, 외부 또는 재택근무 시 네트워크에 액세스 방식과 보안 수준을 확인합니다.

Q3. 내/외부 시스템의 백업 인력 및 시스템은 마련되어 있습니까?

A. 시스템과 이를 관리하는 인력의 백업 여부를 확인하는 질문입니다. 백업 기능은 위탁 운용사의 시스템이 천재지변, 외부 바이러스 등에 공격당하고 사용 불능 상황에 도달하기 전까지는 알아채기 어렵습니다. 그러나 시스템은 언제든지 중단될 수 있으며 시스템 백업 기능이 없는 경우 예상하지 못한 데이터 파일 손실로 인해 시스템 자체를 사용할 수 없는 경우가 발생할 수 있습니다.

결과적으로 고성능 컴퓨터와 시스템을 유지하는 직원의 확보는 필수입니다. 운용 관련 팀에게 질문하였듯이 백업을 담당하는 인력을 확인하는 과정이 필요합니다.

※ 위탁 운용사 시스템 확인 사항
· 백업 시스템 및 절차에 대한 세부 정보와 이를 관리하는 회사 또는 인력
· 백업된 파일을 다시 설치하는 데 요구되는 시간 등

Q4. 재해 복구 시스템은 마련되어 있습니까? 천재지변, 화재, 바이러스 공격, 도난 등 발생 시 복구 절차는 어떻게 됩니까?

A. 이 질문은 이전 질문과 관련이 있지만 훨씬 더 광범위합니다. '만일 위탁 운용사가 입주한 건물에 천재지변 등으로 모든 것이 소실되었다면, 다시 운용을 개시할 복구 계획 및 절차는 무엇입니까?'에 대한 질문입니다.

위기 상황에서 운용 및 운용 관련 업무 등을 효과적으로 복구할 수 있는 행동 계획 마련 여부를 확인합니다.

※ 재해 복구 시 고려할 사항
· 위탁 운용사의 대체 사무실 공간은 확보되었습니까?
· 백업 시스템 등 관련 자료는 어디에 있습니까?
· 운용 및 운영 담당자가 얼마나 빠르게 관련 업무를 복구할 수 있습니까?

Q5. 시스템 하드웨어와 소프트웨어의 업데이트 주기가 있나요?

A. 다시 한번 위탁 운용사 시스템의 효율성을 확인하는 질문입니다. 모든 소프트웨어 프로그램을 최신 버전으로 사용해야 하는 것은 아니지만, 주기적인 업그레이드는 효과가 있습니다.

오래된 소프트웨어 버전을 사용하는 경우 최근에 개발된 분석 도구 또는 고유의 분석 기능을 수행하지 못할 가능성이 있습니다. 컴퓨터 하드웨어(노트북, 데스크톱, 타워, 네트워크 컴퓨터, 프린터 등)의 상태는 운용의 효율성 및 그 수준에 대해 많은 것을 말해 줍니다.

운용 인력의 책상에 앉아서 그들이 시현하는 화면 등을 살펴보면, 컴퓨터 시스템의 효율성을 빠르게 평가할 수 있습니다. 최첨단 시스템이 항상 옳은 선택이라고 할 수 없지만, 오래되고 비효율적인 시스템은 업무 수행 능력에 부정적인 영향을 미친다는 것을 쉽게 확인할 수 있습니다.

2.1.7 사무실 평가

가능하면 사무실 공간도 평가해야 합니다.

① 사무실 공간은 현재 직원과 잠재적인 미래 성장을 위한 충분한 공간이 있는지 확인하는 것은 중요합니다.

② 사무실의 물리적 레이아웃은 작업 흐름 및 전문적인 상호 작용과 관련된 유용한 정보를 제공할 수도 있습니다.

③ 기본적인 수준에서 사무실 공간을 둘러보는 것은 업무의 효율성에 대한 단서를 제공할 수 있습니다.

사무실 공간을 둘러보았다면, 위탁 운용 담당자는 다음과 같은 질문에 대답할 수 있어야 합니다.

Q1. 사무실 공간은 효율적으로 배치되었으며, 향후 성장을 위한 충분한 공간을 확보했습니까?

Q2. 각종 자료 보관을 위한 충분한 공간(서류 보관소 또는 전산 시스템)을 확보하고 있습니까?

Q3. 네트워크 서버는 어디에 있으며 어떤 보호 장치를 사용합니까?

Q4. 사무실의 전반적인 컨디션은 어떻습니까?

Q5. 사무실 컴퓨터 또는 프로그램의 물리적 상태는 어떻습니까?

2.2 운용 비용의 관리

2.2.1 운용 비용의 결정과 관리

위탁 운용 비용의 구성은 ⓐ 운용 비용과 ⓑ 거래 비용으로 구분합니다.

ⓐ 운용 비용	① 운용 보수: 위탁 자산을 운용 및 관리 등으로 발생하는 비용입니다. ② 신탁 보수: 신탁 업무를 수행하는 신탁 회사에 지급하는 비용입니다. ③ 판매 보수: 은행, 증권 등의 펀드 판매를 대행하는 대가로 발생하는 비용입니다. ④ 일반 사무 관리 보수: 위탁 자산의 운영 업무(기준 가격 산출 등) 등으로 지급하는 비용입니다. ⑤ 기타 1: 위탁 운용과 관련된 ① ~ ④의 비용을 제외하고 발생하는 비용입니다.
ⓑ 거래 비용	⑥ 거래 수수료: 포트폴리오 내의 종목을 매매하는 경우, 증권사 등에 지급하는 비용입니다. ⑦ 세금 등: 포트폴리오 내의 종목을 매매하는 경우, 관련 법규 등에 근거하여 지급하는 비용입니다. ⑧ 기타 2: 위탁 운용 거래와 관련된 ⑥ ~ ⑦의 비용을 제외하고 발생하는 비용입니다.

이하는 ① 운용 보수를 중점으로 논의하겠습니다.

운용 비용 관리의 필요성

투자 기관 A가 최종 획득하는 운용 성과는 모든 운용 비용 등을 차감한 후의 투자 손익(= 수익률)입니다.

[운용 성과의 계산]

투자 손익(원)	수익률(%)
① 위탁 자산의 총 투자 손익	= 총 수익률
- ② 거래 비용 등(= 거래 수수료 등)	= 거래 수수료율
= ③ 거래 비용 차감 후 투자 손익	= 거래 비용 차감 후 수익률
- ④ 운용 비용 등(= 운용 보수 등)	= 운용 보수율
= ⑤ (최종)투자 손익	= (최종)수익률

위탁 운용과 관련된 총 비용이 증가할수록 투자 기관 A의 최종 투자 손익은 감소함으로, 위탁 운용에서 발생하는 모든 비용을 항목별로 관리하고 분석할 수 있는 체계를 구축하여야 합니다.

[운용 보수, 보수율 등 Summary]

(단위: 억 원, bp)

운용사명	유형명_A	유형명_B	…	합계
운용사_가	보수 금액 (보수율)			

운용사명	유형명_A	유형명_B	...	합계
운용사_나				
운용사_다				
...	...	...	...	
운용사_하				
합계				

운용 보수의 결정 시 고려 사항

운용 보수는 투자안의 특성과 운용의 난이도 등을 고려하여 결정할 수 있습니다.

운용 보수의 주요한 결정 요인은
① 투자 수익과 위험 구조에 따른 운용의 난이도
② 투자(안)의 운용 특성 및 규모에 따른 운용 보수의 협상력
③ 유사한 특성을 가진 기관별 또는 투자(안)의 평균 보수 등입니다.

운용 보수 결정과 관련된 질문

Q1. 위탁 운용사를 선정할 때 ① 위탁 운용사가 운용 보수를 제안하고 ② 낮은 운용 보수를 제시할수록 유리한 경쟁 구조에서 위탁 운용사가 운용 보수를 무보수(0bp)로 제안하는 경우 이를 수용할 수 있을까요?

A. 저가 입찰을 바라보는 투자 기관 A의 투자 문화에 대한 질문입니다. 위탁 운용을 실행하는 투자 기관 A와 선정을 위해 지원하는 위탁 운용사는 저가 입찰의 유혹에 쉽게 빠져들 수 있으나, 단지 선정을 위한 저가 입찰은 운용 및 관리의 소홀 가능성, 투자 기관과 위탁 운용사 간의 상호 신뢰도 하락 등의 문제점이 발생할 수 있습니다.

그러므로 위탁 운용 담당자는 운용 보수 견적서를 작성하여 자체적으로 운용 보수의 기준점을 설정하고 저가 입찰에 대한 관리 방안을 마련하는 것이 바람직합니다.

[운용 보수 견적서]

구분		수량(Q)	단가(P)	합계 (Q×P)	비고
인력 부문	운용 담당자(정)				
	운용 담당자(부)				
	리서치 인력				
	기타 인력				
	인력 부문 소계(A)				
지원 부문	리서치 관련 비용				
	정보 단말기				
	국내외 세미나 등				
	IT 관련 비용				
	기타 지원 비용				
	지원 부문 소계(B)				

구분		수량(Q)	단가(P)	합계 (Q×P)	비고
공용 부문	임대료				
	사무 비품				
	공통 비용				
	기타 비용				
공용 부문 비용(C)					
합계 (A+B+C)					

Q2. 10년 전, 투자 기관 A는 위탁 운용사 C와 ① 운용 보수율 20bp, ② 투자 기관의 평가 기준을 충족한다면 지속 가능한 위탁 운용 계약을 체결한 후 현재까지 운용하고 있습니다. 오늘 위탁 운용사 C는 지난 10년 동안 물가 상승률, 인건비, 임대료 상승, 유사한 투자 유형의 시장 평균 운용 보수율 35bp 등의 이유로 운용 보수율 인상을 요청하였습니다. 이러한 요청에 대하여 위탁 운용 담당자는 어떻게 대처해야 합니까?

A. 질문 1에 '시간' 변수가 추가된 질문이며, 그때는 맞았지만 지금은 다른 상황의 사례입니다.

투자 기관은 위탁 운용사의 운용 보수율 인상 요청에 대해 다음 2가지로 대응할 수 있습니다.

① 운용 보수율은 상호 간의 계약 사항이므로 변경하지 않는다.

② 위탁 운용사의 운용 보수율 상향 요청은 설득력 있는 주장이므로 개선(안)을 마련한다.

- 위탁 운용 담당자는 위탁 운용사의 주장이 받아들일 수 있는 상황이라도 위탁 운용사와의 계약 내용을 본인의 재량으로 운용 보수율을 상향 조정할 수 없으며, 투자 기관의 위탁 운용 및 관리 체계, 운용 특성 및 제반 여건 등을 고려하여 운용 보수율의 인상폭과 주기 등을 결정해야 합니다.
 - 특히 계약 관계 등 중요 항목의 변경은 관련 근거를 명확히 마련하고, 투자 위원회 등의 최종 의사 결정 기구의 승인을 받는 것이 바람직합니다.

[운용 보수율 인상에 대한 상위 의사 결정 기구의 평가][1]

2016년 한 해 동안 진행된 위탁 운용사 선정 기준 및 자금 배분 기준의 개선 그리고 운용 보수 체계의 개선은 바람직한 방향으로 추진된 것으로 평가됨.
 - 위탁 운용사에게 적절한 보수를 지급하되 이에 상응하는 운용 성과가 창출되도록 위탁 운용사를 선정하고 관리하는 것이 바람직함.

국내 주식 위탁 운용 체계 개선
① 국내 주식은 … [중략] … 관점에서 수행되었음.
 - 국내 주식 위탁 운용사 선정 및 관리 기준을 개정하고 수수료 체계를 변경한 것은 액티브/패시브 체계에서 운용사들을 보다 효율적으로 활용하기 위한 조처로 긍정적으로 평가함.

---

1) 2016년 국민연금기금 국내 주식 위탁 운용팀은 낮은 운용 보수율을 상향시킬 수 있도록 운용 보수율 상향 조건과 계약 내용을 개정하였고, 상위 관련 위원회에서 평가받은 내용 중 일부를 발췌하였습니다.

> ② 운용사 최초 선정뿐만 아니라 자금의 재배분 및 성과 보수의 지급, 기관의 재선정 등에 있어 위탁 기관의 부적절한 단기적 대응을 최소화하고 부여받은 운용 유형 및 투자 전략을 장기적으로 유지될 수 있는 방향으로 개선이 이루어진 것으로 평가됨.
> ③ 국민연금이 국내 주식 시장과 운용 업계에 미치는 영향을 고려할 때 보수에 있어서 운용사 간 과당 경쟁이 발생하지 않도록 수수료 체계를 비롯한 관리 체계는 지속적인 점검이 필요함.
> - 보수에 있어서도 적정 수준의 수수료를 지급하고 그에 상응한 서비스와 성과를 얻을 수 있는 방향으로 정비가 이루어지고 … [중략] … 필요함.

출처: 2016년 국민연금 기금 운용 성과 평가(안) - 참고 자료 6. 2016년 전문위원회 정책 제언 이행 실적 평가(p67, p83 ~ 84)

2.2.2 위탁 규모 증가에 따른 운용 보수 관리 방안

위탁 규모 증가에 따른 운용 보수율 관리 방안 필요

Q1. 투자 기관 A의 위탁 운용 규모는 향후 10년 이내 50조 원 이상 초대형 규모로 성장할 것으로 전망되며, 현재 위탁 운용사의 평균 운용 규모는 약 1,000억 원이지만, 10년 후에는 1.0조 원 ~ 1.5조 원 규모로 증가할 것으로 예상되고 있습니다. 위탁 운용 규모의 증가에 예상되는 상황이라면 효율적인 운용 보수의 관리 방안은 무엇인가요?

A. 위탁 운용 규모 증가에 따른 비용 관리의 중요성이 부각되는 상황

이며, 운용 보수 관리의 핵심어는 '규모의 경제'입니다.

위탁 운용 담당자는 운용 보수 견적서를 작성해 보면 규모의 경제 효과를 확인할 수 있습니다. 모든 항목의 비용이 운용 규모가 증가함에 따라 비례하여 증가하는 것은 아니므로, 운용 보수를 구성하는 항목들의 비용 변동 추이를 확인하여야 합니다.

[운용 비용 비교 견적표: 운용 규모 500억 원과 1.5조 원]

구분	1,000억 원	1.5조 원
ⓐ 필요한 운용 인력의 수		
ⓑ 필요한 애널리스트의 수		
ⓒ 필요한 트레이더의 수		
ⓓ 필요한 정보 단말기의 수		
…		
ⓩ 필요한 사무실의 넓이(m^2)		

위탁 규모 증가에 따른 체감형의 운용 보수율 체계 도입

위탁 규모 증가에 따른 규모의 경제 효과를 고려한다면, 위탁 운용 규모별 체감하는 운용 보수율 도입을 고려할 수 있습니다.

단일한 운용 보수율과 운용 규모 증가에 따른 규모별 체감하는 운용 보수율을 비교하면 다음과 같은 규모의 경제 효과를 확인할 수 있습니다.

[위탁 규모 증가에 따른 단일한 운용 보수율[2]]

운용 규모	운용 보수율	운용 보수액	비 고
ⓐ 500억 원	35bp	1.75억 원	
ⓑ 1.5조 원		52.50억 원	
ⓐ - ⓑ	-	50.75억 원	

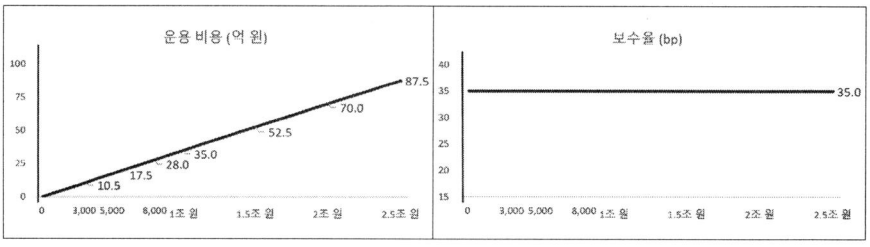

---

2) 위탁 운용 규모 증가에 따라 운용 보수액은 비례하여 증가

[운용 규모 증가에 따른 체감형 운용 보수율[3]]

운용 규모	운용 보수율 (상한)	운용 보수액 구간별	운용 보수액 누적	적용 운용 보수율
~ 3,000억 원	35.0bp	10.5억 원	10.5억 원	35.0bp
~ 5,000억 원	30.0bp	6.0억 원	16.5억 원	33.0bp
~ 8,000억 원[4]	25.0bp	7.5억 원	24.0억 원	30.0bp
~ 10,000억 원	20.0bp	4.0억 원	28.0억 원	28.0bp
~ 15,000억 원	15.0bp	7.5억 원	35.5억 원	23.7bp
~ 20,000억 원	10.0bp	5.0억 원	40.5억 원	20.3bp
~ 25,000억 원	5.0bp	2.5억 원	43.0억 원	17.2bp
25,000억 원 ~	3.0bp			

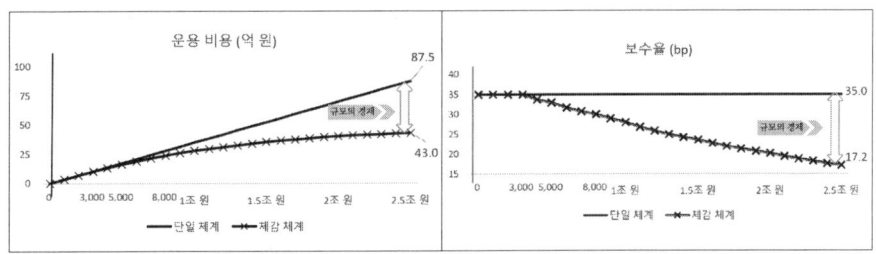

---

3) 구간별 운용 규모와 운용 보수율은 위탁 유형의 수익/위험에 따른 운용 특성 등을 고려해야 합니다. (위탁 운용 규모 증가에 따라 운용 보수액은 체감적으로 증가)

4) 운용 규모 8,000억 원인 경우 운용 보수액/보수율 계산 방법
 · 운용 보수액: (3,000억 원×35bp) + (2,000억 원×30bp) + (3,000억 원×25bp)= 24억 원
 · 운용 보수율: 24억 원/8,000억 원= 30bp

[단순형 보수 체계와 체감형 보수 체계의 비교]

운용 규모	보수 금액(억 원)			보수율(bp)		
	단일 체계(A)	체감 체계(B)	규모의 경제 (A-B)	단일 체계(C)	체감 체계 (D)	규모의 경제 (C-D)
~ 3,000억 원	10.5	10.5	0.0	35.0	35.0	0.0
~ 5,000억 원	17.5	16.5	1.0	35.0	33.0	2.0
~ 8,000억 원	28.0	24.0	4.0	35.0	30.0	5.0
~ 1조 원	35.0	28.0	7.0	35.0	28.0	7.0
~ 1.5조 원	52.5	35.5	17.0	35.0	23.7	11.3
~ 2조 원	70.0	40.5	29.5	35.0	20.3	14.8
~ 2.5조 원	87.5	43.0	44.5	35.0	17.2	17.8

체감형 보수 체계 도입으로 기대할 수 있는 규모의 경제 효과는 (A-B)와 (C-D)에서 확인할 수 있습니다.

2.2.3 성과 보수 도입의 고려 사항

성과 보수의 기대 효과

위탁 투자(안)의 운용 특성을 고려하여 성과 보수 도입이 필요한 경우, 성과 보수를 도입하는 것은 자연스럽습니다.

그러나 선정을 위해서 위탁 운용사는 보다 낮은 운용 보수를 제시하는 경향이 있고, 낮은 운용 보수는 위탁 운용사의 경영 안정성에 악영향을 미칠 수 있습니다. 이러한 이유로 위탁 운용사는 낮은 운용 보수의 악영향을 보완하고 안정적인 운영 수익을 확보하기 위해 우수한 성과를 달성하는 경우, 이에 대한 보상으로 성과보수 신설을 요청하고 있습니다.

Q1. 위탁 운용사의 성과 보수 신설 요청을 어떻게 받아들여야 하나요?

A. 투자 기관 A의 비용 관리 정책에 대한 질문입니다.
① 성과 보수 도입의 목적은 무엇인가?
 - 성과 보수는 운용 성과와 성과 보수 간의 직접적인 연관성이 있다는 기대로 도입을 고려하게 됩니다.
 - 성과 보수 도입으로
 · 전체 운용 보수율은 상승하더라도 높은 성과를 추구할 것인가?
 · '운용 성과 대비 낮은 운용 보수율을 유지할 것인가?'를 결정하여야 합니다.
② 성과 보수를 도입하면, 성과는 좋아지는가?
 - 성과 보수를 도입하여 성과가 좋아진다면, 성과 보수 도입을 반대할 명분은 약해집니다. 그러나 성과 보수 도입의 기대와 현실의 사례는 상반된 결과를 보여줍니다.
 - 위탁 운용 담당자는 성과 보수 도입의 찬성/반대 사례 및 연관성, (예상) 총비용 증가/감소 등을 분석하고, 긍정적인 측면을 찾는다면 성

과 보수 도입의 타당성은 높아질 수 있습니다.

※ 제시한 운용 보수가 낮은 것에 대한 보상 차원으로 성과 보수를 도입하는 경우 위탁 운용 담당자는 투자 기관의 비용 관리 정책에 대한 신중한 검토가 필요합니다.

[성과 보수 도입의 찬성과 반대]

성과 보수를 찬성하는 근거: 기대 이론(Expectation Theory)과 강화 이론(Reinforcement Theory)이 거론됩니다.
- 기대 이론: 성과 보수 같은 보상이 주어진다면 보상에 대한 기대를 하고 열심히 일해서 성과를 높이고, 높은 실적을 보장해 줄 것이라는 논리
- 강화 이론: 보다 높은 성과 보상은 직접적으로 더 큰 성과를 자극하는 인으로 작용한다는 주장

성과 보수를 반대하는 근거: 현실의 사례를 분석할수록 '성과 보수와 성과 간의 연관성이 전혀 없거나 약한 경우가 대부분이다'라는 연구 결과[5]입니다.
- ⓐ 투자 기관 A가 성과 보수를 도입하면 ⓑ 위탁 운용 담당자는 동기 부여되어 보다 더 열성적으로 운용하고, ⓒ 그 노력으로 초과 수익을 달성한다면 투자 기관 A는 초과 성과를 가져가고, 위탁 운용사는 성과 보수를 가져간다는 Win-Win 전략은 그저 환상이라는 주장입니다.

---

5) 성과 중심 보수 체계의 효과 분석: 국내 11개 공공 기관의 성과급을 중심으로, 하혜수, 정광호, 행정논총 제52권 제3호(2014.09)

[성과 보수 도입 사례 1]

	구분 (단위: 원)	가	나	다	비고
A	기초 금액	10,000	10,000	10,000	
B	기말 금액	11,300	15,000	12,500	
C	투자 손익(B-A)	1,300	5,000	2,500	= B - A
D	RT	13.0%	50.0%	25.0%	= B / A
E	BM	12.5%	12.5%	12.5%	
F	BM(+)	0.5%	37.5%	12.5%	= D - E
G	초과 손익		2,250		= MAX [0, C- (A ×(BM수익률 + 목표 수익률))]
H	성과 보수 대상 여부	비대상	대상	비대상	
I	기본 보수 금액	37.28	43.75	39.38	= AVG(A:B) × 기본√ 보수율
J	성과 보수 금액		337.50		= G × 성과 보수율
K	총보수 금액	37.28	381.25	39.38	= I + J
L	기본 보수율	0.35%	0.35%	0.35%	= I / AVG(A:B)
M	성과 보수율	-	2.70%	-	= J / AVG(A:B)
N	총보수율	0.35%	3.05%	0.35%	= K / AVG(A:B)
	[Final]				
O	보수 후 기말 금액	11,262.73	14,618.75	12,460.63	= B - K
P	기초 금액	10,000	10,000	10,000	= B
Q	보수 차감 후 수익률	12.63	46.19	24.61	= P / O

구분 (단위: 원)	가	나	다	비고
R 보수 차감 후 손익	1,262.73	4,618.75	2,460.63	= O - P
(※)투자 손익(R) 1원당 투입된 보수 금액	0.03	0.08	0.02	= K / R

· 기본 보수율: 0.35%, 목표 수익률: BM 대비 +15%, 성과 보수율: 초과 성과 금액의 15%

· BM 수익률: 12.5%

사례 (가), (나), (다)는 주어진 투자 목표인 벤치마크(BM)를 상회하는 우수한 운용 성과를 달성하였습니다.

사례 (나)는 운용 성과와 운용 보수(율)도 높은 사례이며, 기대했던 높은 성과를 달성하였고 이에 상응하는 성과 보수를 지급한 후 총 운용 보수(율)는 가장 높은 결과를 보였습니다.

사례 (나)는 투자 손익 1원을 얻기 위해 투입된 보수 금액을 비교하면 수익 대비 비용의 효율성은 가장 낮다는 점을 주의하여야 합니다.

그러므로 성과 보수 도입으로 기대하는 높은 수익 달성이 고비용으로 연결될 수 있는 구조라면 투자 기관 A가 감당할 수 있는 비용 관리 체계를 사전에 수립하는 것이 바람직합니다.

성과 보수의 계산과 지급 방식

성과 보수의 계산과 지급 방식은 투자 기관별, 투자(안)별 다양하며 어떤 방식이 우월하거나 열위하다고 평가할 수 없습니다.

다만, 성과 보수 도입으로 운용 과정에서 성과 보수 획득 목적의 과도한 위험 부담을 회피할 수 있는 방안을 마련하는 것이 바람직합니다.

[성과 보수 지급 방식: Call Option과 지렛대의 비교]

구분	Call Option 방식	지렛대 방식
계산 대상	· 기준점 이상의 성과: ○ · 기준점 이하의 성과: ×	· 기준점 이상의 성과: ○ · 기준점 이하의 성과: ○
계산 기간	· 단일 기간 평가 후 · 단일/다 기간 이연 지급	· 단일 기간 평가 후 · 다 기간 이연 지급
기대 효과	· 당근으로 동기 부여 · 단일 기간 높은 수익은 더 높은 성과 보수로 연결 · Call Option 방식은 특정 기간, 기준점 이상의 운용 성과를 달성한 경우에만 성과 보수를 지급하여, 콜 옵션을 부여한 효과가 발생합니다.	· 당근과 채찍으로 동기 부여 · 다 기간 안정적인 수익은 더 높은 성과 보수로 연결 · 지렛대 방식은 운용 성과가 기준점 이상(당근)과 이하(채찍)를 고려하여 성과 보수를 지급하여 운용 리스크를 낮추고, 안정적인 운용 형태를 유도할 수 있습니다.

성과 보수 지급1: Call Option 방식

성과 보수 지급2: 지렛대 방식

구분	Call Option 방식	지렛대 방식
1. 투자 기관	·투자 기간을 장기간으로 확장하고, 운용 성과의 평균 회귀(Mean Reversion)를 고려하면, 성과 변동에 따라 획득한 초과 수익은 낮음에도 성과 보수만 지급하는 고비용 구조를 초래할 수 있습니다.	·투자 기간을 장기간으로 확장하고, 운용 성과의 평균 회귀(Mean Reversion)를 고려하면, 장기적으로 안정적인 성과를 달성한 경우에만 성과보수를 지급함으로 운용의 안정성 확보가 가능합니다.
2. 위탁 운용사	·기준점 이상의 운용 성과를 달성했을 경우 이익(당근)만 있고, 불이익(채찍)은 없는 구조로 성과 보수 획득 목적의 과도한 위험을 부담할 유인이 발생할 수 있습니다.	·기준점 이상의 운용 성과를 달성하면 이익(당근)이, 기준점 이하의 운용 성과를 달성하면 불이익(채찍)을 동시에 고려하여 성과 보수 목적의 과도한 위험을 부담할 유인은 낮아집니다.

[성과 보수 도입 사례 2: Call Option 방식]

	구분 (단위: 원)	20X1	20X2	누적	비고
A	기초 금액	10,000	15,000	10,000	
B	기말 금액	15,000	10,000	10,000	
C	투자 손익(B-A)	5,000	-5,000	0	= B - A
D	RT	50.0%	-33.3%	0.0%	= B / A
E	BM	12.5%	12.5%	12.5%	
F	BM(+)	37.5%	-45.8%	-12.5%	= D - E
G	초과 손익	2,250	-	-	= MAX [0, C- (A × (BM 수익률 + 목표 수익률))]

	성과 보수 대상 여부	대상	비대상		
H	성과 보수 대상 여부	대상	비대상		
I	기본 보수 금액	43.75	43.75	87.50	= AVG(A:B) × 기본 보수율
J	성과 보수 금액	337.50	-	337.50	= G × 성과 보수율
K	총보수 금액	381.25	43.75	425.00	= I + J
L	기본 보수율	0.35%	0.35%	0.70%	= I / AVG(A:B)
M	성과 보수율	2.70%	-	2.70%	= J / AVG(A:B)
N	총보수율	3.05%	0.35%	3.40%	= K / AVG(A:B)

· 성과 보수는 기준점 이상의 초과 운용 성과를 대상으로 일시 지급
· 기본 보수율: 0.35% 목표 수익률: BM 대비 +15%, 성과 보수율: 초과 성과 금액의 15%
· BM 수익률: 12.5%

성과 보수 계산과 지급이 Call Option 방식은 2년 누적 동안 초과 성과가 없음에도 성과 보수는 지급되는 상황이 발생할 수 있습니다.

[성과 보수 도입 사례 3: 지렛대 방식]

	구분 (단위: 원)	20X1	20X2	20X3	20X4
A	기초 금액	10,000	15,000	10,000	17,000
B	기말 금액	15,000	10,000	17,000	20,000
C	투자 손익(B-A)	5,000	-5,000	7,000	3,000
D	RT	50.0%	-33.3%	70.0%	17.6%
E	BM	12.5%	12.5%	12.5%	12.5%

	구분 (단위: 원)	20X1	20X2	20X3	20X4
F	BM(+)	37.5%	-45.8%	57.5%	5.1%
G	초과 손익	2,250	-9,125	4,250	-1,675
H	초과 성과 금액	337.50	-1,368.75	637.50	-251.25
	X1년 지급액: 금년/이월	168.75	168.75		
	X2년 지급액: 금년/이월		-684.38	-684.38	
	X3년 지급액: 금년/이월			318.75	318.75
	X4년 지급액: 금년/이월				-125.63
	성과 보수 지급액	MAX [0., SUM(금년, 전년 성과 보수 지급액)]			
I	기본 보수 금액	43.75	43.75	47.25	64.75
J	성과 보수 금액	168.75	0	0	193.13
K	총보수 금액	212.50	43.75	47.25	257.88
L	기본 보수율	0.35%	0.35%	0.35%	0.35%
M	성과 보수율	1.35%	0.00%	0.00%	1.04%
N	총보수율	1.70%	0.35%	0.35%	1.39%

· 성과 보수는 기준점 이상 및 이하의 운용 성과를 모두 고려하여 분할 지급
· 기본 보수율: 0.35% 목표 수익률: BM 대비 +15%, 성과 보수율: 초과 성과 금액의 15%
· BM 수익률: 12.5%, 당해년 성과 보수는 당해 50%, 이월 50% 지급 가정

성과 보수 계산과 지급이 지렛대 방식은 당해 연도 성과 보수 중 50%

는 당해 년에 지급, 50%는 후년에 이월하여 (+)와 (-)의 초과 성과를 상쇄하여 과도한 성과 보수 지급을 방지할 수 있고, 장기적으로 안정적인 성과를 유도할 수 있는 장점이 있습니다.

2.2.4 운용 성과에 연동되는 보수 체계 구축

성과 보수란 운용 성과에 따라 변동되는 운용 비용이라고 정의하면 위탁 운용 담당자는 성과 보수를 도입하지 않고 운용 성과에 연동되는 다음과 같은 운용 보수 체계를 고려할 수 있습니다.

① NAV(Net Asset Value) 기준으로 운용 보수 지급
 - NAV(Net Asset Value) 기준으로 운용 보수를 지급하면, 성과가 좋을수록 NAV가 상승하고 이에 따라 운용 보수도 증가함에 따라 운용 성과에 연동되는 보수 체계입니다.

구분	A	B	C	비고
From	100,000	100,000	100,000	· 보수율: 0.30% · 보수액: AVG(From: To) × 보수율
To	200,000	100,000	50,000	
수익률	100.0%	0.0%	-50.0%	
보수액	450	300	225	

② 성과 평가(= 정기 평가 등) 결과 우수 등급에 추가 자금 배분

- 평가 과정을 통해 위탁 운용사를 우수 등급과 열위 등급으로 구분한 후

- 우수 등급의 위탁 운용사에 운용 자금을 추가 집행하면, 추가 집행에 따른 보수 금액의 증가는 운용 성과에 연동되는 보수 체계입니다.

- 추가 자금 집행에 따른 보수액의 증가: [추가(B): 75원]은 성과 보수에 해당합니다.

구분	기존(A)	추가(B)	A + B	비 고
From	100,000		100,000	· 보수율: 0.30% · 보수액: AVG(From:To) × 보수율 · 추가 집행일: 7월 1일
추가	-	50,000	-	
To	100,000	50,000	150,000	
보수액	300	75	375	

2.3 위탁 운용사 평가 항목과 배점

※ 직접 투자이든 위탁 투자이든 평가의 기준점은 투자 기관의 '투자 문화(= 투자 철학)'라는 점을 잊지 않아야 합니다. 투자 기관의 '투자 문화(= 투자 철학)'에 따라 다양한 형태의 평가 항목과 방법이 존재하므로, 최적 또는 이상적인 평가 항목과 방법은 존재하지 않습니다.

위탁 운용 담당자는 위탁 운용사 선정, 운용 및 관리 모니터링, 운용 성과 분석 및 평가를 수행합니다. 위탁 운용 담당자는 일련의 선정 또는 평가 과정을 수행하면 2가지에 대한 고민을 직면하게 됩니다.
① 평가 항목: 무엇을 평가할 것인가?
② 평가 방식과 배점: 평가 방식과 배점은 어떻게 구성할 것인가?

2.3.1 위탁 운용사 평가 시 고려 사항

4P(Philosophy, People, Process, Performamce)

주요 투자 기관들은 4P(Philosophy, People, Process, Performamce)를 중심으로 투자 기관별 제반 투자 여건 등을 반영하여 위탁 운용의 평가 항목을 구성하고 있습니다.

① 운용 철학(Philosophy): 위탁 운용사의 투자 철학과 목표

② 운용 인력(People): 위탁 운용사의 인력과 구성

③ 운용 과정(Process): 위탁 운용사의 운용 전략과 과정

④ 운용 성과(Performamce): 위탁 운용사의 (장/단기) 운용 성과

[사례] 국민연금기금, 국내 주식 위탁 운용사 선정 시 평가 항목/배점

국민연금기금 국내 주식 위탁 운용사 선정은
① 제안서 심사(60점), ② 구술 심사(40점), ③ 스튜어드십코드 및 책임 투자(2점)의 합계 점수가 높은 순서로 선정됩니다.

[국민연금기금 국내 주식 위탁 운용사 선정 시 평가 항목과 배점]

평가 항목	제안서 심사 A	구술 심사 B	합계 A+B	평가 방법
Ⅰ. 경영 안정성	5점		5점	
1. 자기 자본/자본금	1.5점		1.5점	최근 재무제표 기준 상대 평가
2. 자기 자본 이익률	1.5점		1.5점	최근 재무제표 기준 상대 평가
3. 금융감독원 조치	2점		2점	금융감독원 조치 횟수(회사, CEO, CIO 등)
Ⅱ. 운용 조직 및 인력	15점	10점	25점	

평가 항목	제안서 심사 A	구술 심사 B	합계 A+B	평가 방법
1. 담당 매니저의 전문성	10점	5점	15점	담당 매니저의 전문성과 우수성 등
2. 운용 조직의 안정성	5점	5점	10점	운용 인력의 안정성과 우수성 등
III. 운용 성과	17점		17점	
1. BM 지수 대비 초과 수익률	8점		8점	초과 수익률 상대 평가
2. 위험 조정 수익률 (IR)	5점		5점	IR 상대 평가
3. 운용 규모	2점		2점	운용 규모 상대 평가
4. 운용 기간	2점		2점	운용 기간 상대 평가
IV. 운용 전략 및 프로세스	15점	25점	40점	
1. 전략 및 투자 의사 결정 체계	10점	20점	30점	전략·포트폴리오·투자 프로세스의 합리성, CIO 및 운용역 간 역할 관계의 적정성 등
2. 리서치 체계	5점	5점	10점	투자 전략을 수행하기 위한 내·외부 자원 활용의 적정성 등
V. 위험 관리	3점	5점	8점	
1. 리스크 관리 체계	1.5점	2.5점	4점	위험 관리 기준, 권한, 수행 프로세스, 전산화 등
2. 컴플라이언스 체계	1.5점	2.5점	4점	컴플라이언스 기준, 권한, 수행 프로세스, 전산화 등

평가 항목	제안서 심사 A	구술 심사 B	합계 A+B	평가 방법
Ⅵ. 제안 수수료	5점		5점	
소계	60점	40점	100점	
스튜어드십 코드 및 책임 투자	2점		2점	가점
1. 스튜어드십 코드 도입	1점		1점	스튜어드십 코드 도입 및 등록
2. 스튜어드십 코드 지침	0.5점		0.5점	스튜어드십 코드 세부 운용 지침
3. 책임 투자 정책 및 지침	0.5점		0.5점	책임 투자 정책 수립 및 지침

배점이 높은 평가 항목은 Ⅳ.운용 전략 및 프로세스(40점)[6], Ⅱ. 운용 조직 및 인력(25점)[7]으로 2개의 평가 항목은 전체 배점의 63.73%(=$\frac{65}{102}$)를 차지하며, 이는 국민연금기금의 선정 시 4P 중 Philosophy, People, Process를 중요하게 평가하고 있습니다.

국민연금기금이 위탁 운용사 선정 시 Philosophy, People, Process

---

[6] 운용 전략 및 프로세스(40점)의 주요 평가 내용
 · 위탁 운용사의 투자 철학을 구현할 수 있는 운용 전략 및 프로세스는 구축되었고 효율적으로 유지되는가?
 · 위탁 운용사 내/외부 인적.물적 자원을 적절하게 활용하는가?

[7] 운용 조직 및 인력(25점)의 주용 평가 내용
 · 운용 및 지원 인력의 역량은 우수하며, 적절하게 배치되었는가?
 · 낮은 이직률, 개방된 의사소통 등으로 조직은 안정적인가?

의 비중이 높은 이유는 장기적으로 안정적인 초과 성과는 위탁 운용사의 운용 철학, 인력과 운용 프로세스 등에 좌우된다는 믿음을 평가 항목에 반영한 것이라고 이해할 수 있습니다.

2.3.2 위탁 운용사 평가 항목과 배점의 구성

국민연금기금의 선정 사례를 살펴보면 Ⅰ. 경영 안정성 5점은 합리적입니까?

평가 항목과 배점이 합리적인지에 대한 질문이 아닌 투자 기관 A의 투자 문화에 대한 질문입니다.

투자 기관 A의 평가 항목과 평가 방식 그리고 배점은 '무엇을, 얼마만큼' 중요하게 보는가? 에 따라 다양한 체계가 존재합니다.

그러므로 Ⅰ. 경영 안정성 5점은 합리적인가? 에 대한 고민보다 투자 기관 A는 무엇을 더 중요하게 바라보는가의 시각이 우선합니다.

① Ⅰ. 경영 안정성이 중요하다고 판단한다면 5점이 아닌 100점도 가능하며,

② Ⅱ. 운용 조직 및 인력이 중요하다고 판단하면, 운용 조직 및 인력에 100점을 부여할 수 있으며, 투자 기관 A의 운용 전략 등의 제약 조건에 따라 비용 관리가 중요하다면, Ⅵ. 제안 수수료의 배점을 높이는 것은 자연스러운 결과입니다.

잘난 위탁 운용사를 선정하고 못난 위탁 운용사를 탈락시킬 수 있는 평가 항목과 배점의 구성 방안

다시 한번 투자 기관 A의 투자 문화를 묻는 질문입니다. 앞에서 언급하였듯이 우수한 미래 성과를 달성할 위탁 운용사를 선정하고 열위한 미래 성과를 달성할 위탁 운용사를 탈락시킬 수 있는 이상적인 평가 항목과 배점의 조합은 존재할 수 없습니다.

투자 기관 A가 평가 항목과 배점 등을 마련하는 이유는 고유한 투자 문화를 구현하고, 우수한 위탁 운용사를 선정할 수 있다는 기대감을 평가 항목과 배점에 종합적으로 반영한 결과물이라고 이해하는 것이 바람직합니다.

정량 평가와 정성 평가의 실행 방안

투자 기관 A의 투자 문화는 평가 항목을 정량 또는 정성 평가 여부를 결정할 수 있으며, 동일한 평가 항목이라도 투자 기관 A의 투자 문화에 따라 다르게 적용할 수 있습니다.

운용 인력 A와 B의 '투자 경력'을 평가하는 경우
 - 투자 경력을 정량 평가: 운용 인력 A = 운용 인력 B,
 - 투자 경력을 정성 평가: 운용 인력 A 〈 운용 인력 B일 수 있습니다.

구분	운용 인력: 강**	운용 인력: 문**
투자 경력	12년	12년
근무처	AA 소형 운용사	글로벌 대형 운용사
운용 규모	1,500억 원	2조 7,500억 원

정량과 정성 평가의 결정은 투자 기관 A의 투자 문화 및 특성(운용 규모 또는 위험 허용 한도 등)에 따라 위탁 운용 담당자의 재량권은 다양한 형태를 보일 수 있으므로, 투자의 재량권/인력/시스템 등의 제반 상황과 여건을 고려하여 정량, 정성 평가를 적용 여부를 검토할 뿐 양자(정량 VS 정성) 간 무엇이 우월하고 열위한지의 논의는 무의미합니다.

정성 평가 비중 확대 시 고려 사항

해외 주요 투자 기관의 위탁 운용 사례를 참조하면, 정량보다는 정성 평가 중심으로 평가를 실행하고 있습니다. 만일 정성 평가의 비중을 높이고자 한다면, 위탁 운용 부서(= 담당자)의
① 위탁 운용의 재량권 확보
② 역량 있는 위탁 운용 인력
③ 위탁 투자에 필요한 충분한 정보 및 시스템 구축이 선행되어야 합니다.
정성 평가 비중 확대의 핵심은 위탁 투자 부서(= 담당자)의 재량권 확보에 달려 있습니다. 위탁 운용 담당자에게 위탁 운용 전략 수립, 위탁 운용사의 선정/탈락, 성과 모니터링 등에 대한 권한과 책임 등의 재량권이 확

보되지 않은 경우라면, 정성 평가를 수행하는 것은 적절하지 않습니다.

① 성과에 대한 책임과 재량권이 확보된 경우: 정성 평가 중심
② 성과에 대한 책임과 재량권이 확보되지 않은 경우: 정량 평가 중심

2.3.3 운용 성과 평가 기간의 결정

운용 성과 측정은 장기를 추천하는 이유

많은 투자 관련 자료에 따르면 성과 측정은 장기 평가를 권장하는 주장이 많으며, 안정적인 장기 성과를 지향하는 투자 기관 A라면 자연스럽게 장기 평가를 도입하게 됩니다.

다만, 투자 기관별 처한 상황 또는 제약 조건은 다양함으로 맹목적으로 장기 평가만을 주장할 수 없습니다. 제반 여건상 6개월 단위로 자금 집행 → 운용 → 성과 평가 → 자금 회수 및 재 배분의 과정을 거치는 상황이라면, 최적의 성과 평가 기간은 6개월입니다.

그러나 이론 또는 실무적으로는 가급적 단기 평가보다는 장기 평가 중심으로 평가가 권장됩니다. 그 이유는 크게 2가지로 볼 수 있습니다.

① 위탁 운용 전략 구현	- 위탁 운용의 목적 중 하나는 복수의 위탁 운용사를 채용하여 위탁 운용사별 독자적인 운용 전략에 분산 투자하여 수익을 확보하고 위험을 낮추는 것입니다. - 단기 중심의 성과 평가는 위탁 운용사의 독자적인 운용 철학과 전략의 구현이 어려울 수 있으며, 단시간의 시장 변동에 따른 운용성과 관리에 집중할 수 있어 운용 성과가 급변동 등의 부작용이 발생할 수 있습니다.
② 포트폴리오 안정성 확보	- 단기 성과 중심의 평가 체계는 위탁 운용사 간 운용 성과 경쟁(레이싱 현상)에 따른 포트폴리오 쏠림 현상이 발생할 수 있으며, 이는 포트폴리오의 안정성이 크게 훼손될 우려가 있습니다. - 단기 평가는 위탁 운용사별 전략 구현이 아닌 시장 주도주 중심의 특정 포트폴리오에 쏠림 현상이 발생할 수 있고, 이는 투자 위험을 증가시키고, 이에 상응하는 성과는 달성하지 못할 가능성이 높습니다.

국민연금기금 위탁 운용사 1일 수익률 점검 도입 사례: 대형 투자 기관이 경쟁 유도를 통한 수익률 강화를 위해 단기 성과 평가를 도입한 후 포트폴리오 쏠림 현상, 수익률 하락 및 자금 회수 등의 부작용만 남기고 3개월 만에 백지화된 사례입니다.

[단기 평가의 부작용 사례]

[관련 기사1] 국민연금, 50조 위탁 운용사 1일 수익률도 점검

머니투데이, 심재현 기자 최석환 기자 김평화 기자, 2015.07.24

기준 미달 땐 자금 회수… 운용사 간 경쟁 유도 수익률 관리 강화

국민연금이 50조 원에 달하는 국내 주식 위탁 운용 수익률 제고를 위해 사실상 위탁 운용사의 하루 수익률까지 평가하는 상시 점검 제도를 도입했다.

일일 평가를 통해 수익률 기준에 미달하는 운용사에서는 위탁 자금을 회수한다는 방침이어서 업계가 바짝 긴장하고 있다.

23일 금융 투자업계에 따르면 국민연금은 이달 들어 국내 자산 운용사 등에 위탁한 주식 자산에 대해 1년 수익률을 매일 평가하고 있는 것으로 확인됐다.

당일 기준으로 1년 전부터의 누적 수익률을 매일 점검하는 방식이다.

이렇게 되면 매일 점검하는 1년 수익률 자료를 통해 하루 수익률을 추산할 수 있게 된다. 사실상 국민연금이 위탁 운용사의 1일 성과를 실시간으로 점검하는 셈이다.

국민연금이 위탁 운용사의 수익률을 실시간 점검하는 것은 이번이 처음이다.

　국민연금은 그동안 분기마다 실시하는 정기 평가에서 자산 운용사와 자문사에 위탁한 자금으로 운용되는 펀드에 대해 3년 수익률과 5년 수익률을 상호 비교하는 방식으로 평가해 왔다. 이달부터 도입한 1년 수익률 점검은 해당 펀드의 목표 BM(벤치마크) 수익률과의 차이에 초점을 맞춰 진행된다.

　국민연금은 수익률이 평가 기준에 미달할 경우 위탁 운용사 선정·평가에 적극 반영한다는 방침이다.
　1년 수익률이 3영업일 이상 지속적으로 BM 대비 4%포인트를 밑돌 경우 1차 '주의' 단계로 신규 자금 배정을 제한하기로 했다. 또 7%포인트 밑돌 경우에는 2차 '경고' 단계로 위탁 자금 일부를 회수할 계획이다. 이후 한 달 동안 유예 기간을 준 뒤 다시 3영업일 동안 수익률이 BM 대비 9%포인트를 하회하면 위탁 자금을 전액 회수한다.

　국민연금이 3년과 5년 단위의 중장기 수익률을 분기마다 평가하던 방식에서 벗어나 사실상 하루 단위 수익률까지 평가하기로 한 것은 운용사 간 경쟁을 유도해 수익률 관리를 강화하겠다는 취지다. 국민연금 관계자는 "단기 수익률을 중시하겠다기보다는 지속적으로 수익률을 관리해 중장기 수익률을 높이겠다는 것"이라고 설명했다.

… [중략] …

한 자산 운용사 고위 관계자는 "BM 대비 수익률이라고 해도 수익률을 매일 평가받는 여건에서는 장기 운용 철학을 바탕으로 긴 호흡으로 운용하는 운용사들이 기회를 잃을 수 있다"고 말했다.

다만, 투자 기관의 여건상 단기 투자만을 고집하여야 하는 경우도 있습니다.

복수의 위탁 운용사를 선정하고 3개월, 6개월 등의 투자 기간 동안 성과 순에 따라 계약 유지 또는 해지 등을 결정하는 상황이 있을 수 있습니다.

이런 경우 위탁 운용사의 투자 전략 등은 단기간의 성과 달성으로 모든 결과를 합리화할 수 있습니다. 이때는 결국 레이싱을 통한 성과 달성이 목적이 될 수 있습니다.

....

[관련 기사2] 국민연금, 위탁 운용 '일일 수익 평가' 백지화되나

머니투데이, 심재현 기자, 2015.08.24

단타 부추긴다 지적 잇따라…
"직접 투자 수익률도 시장 수익률 못 미치는데 지나친 요구"

국민연금이 1년 이상 준비해 도입한 국내 주식 위탁 운용사의 일일 수익률 평가 제도를 시행 한 달여 만에 원점에서 재검토하기로 했다.

장기 투자를 지향하는 국민연금이 일일 평가를 통해 운용사들의 단기 투자를 부추긴다는 지적이 잇따르면서다. (관련 기사: 본지 7월 24일 자 '[단독] 국민연금 50조 위탁 운용사 일일 수익률도 점검')

23일 금융 투자업계에 따르면 국민연금 기금운용본부는 위탁 운용사의 단기 투자 논란을 촉발한 일일 수익률 평가 제도에 대해 실무진 차원의 재검토에 들어갔다.

업계 관계자는 "사전 검토 단계에서 예상했던 것보다 부작용이 크다고 판단한 것 같다"며 "시장에서 당초 의도와 다르게 받아들여지는 데 대해 보완책을 마련하기로 한 것"이라고 말했다.

국민연금은 지난달부터 국내 자산 운용사에 위탁한 주식 자산의 1년 누적 수익률을 날마다 점검하는 방식으로 사실상 일일 수익률을 실시간으로 평가하기 시작했다. 평가 기준에 미달할 경우 위탁 운용사 선정에 반영하고 이미 위탁한 자금까지 회수하고 있다.

펀드의 1년 수익률이 3영업일 이상 지속적으로 BM(벤치마크) 수익률을 4%포인트 밑돌 경우 1차 주의 단계로 신규 자금 배정을 제한하고 7%포인트를 밑돌면 2차 경고 단계로 위탁 자금 일부를 회수하는 방식이다. 이후 한 달 동안 유예 기간을 준 뒤 다시 3영업일 동안 수익률이 BM 대비 9%포인트를 하회하면 위탁 자금을 전액 회수한다.

운용사 간 경쟁을 유도해 지속적으로 수익률을 관리하고 중장기 수익률을 높이겠다는 취지다.

국민연금은 지난해 초부터 위탁 운용 체계 개선안을 마련한 뒤 올 초 업계와 논의를 거쳐 지난달부터 시행에 들어갔다. 하지만 제도 시행 한 달여 만에 위탁 자산 회수 사례가 속출하면서 위탁 운용사들이 단기 수익률에 매달릴 수밖에 없다는 하소연이 잇따랐다.

국민연금의 위탁 자금은 규모를 떠나 운용사의 역량을 검증받는 시험대 성격이 강해 운용사의 '생사'와 직결되기 때문에 장기 투자 철학이 퇴색될 수밖에 없다는 지적이다.

시장 한 관계자는 "3,000억 ~ 4,000억 원을 회수당한 운용사는 약과"라며 "1조 원 이상을 회수당한 곳도 있는 것으로 안다"고 말했다.

성과 평가 측정 기간의 결정

단기 중심의 성과 평가는 부작용이 발생할 수 있다는 사례를 보았습니다. 단기 중심의 성과 평가는 부작용이 있다고 하면 성과 평가 기간을 5년, 10년 또는 그 이상으로 하면 해결될까요?

성과 평가 기간은 투자 기관 A의 투자 문화와 위험을 고려하여 결정되지만, 구체적인 평가 방안을 마련해야 하는 위탁 운용 담당자에게는 고민되는 막연한 질문입니다.

2010년 위탁 운용사 운용역을 대상으로 실시한 설문을 통해서 고민의 실마리를 찾아보고자 합니다.

[(설문) 최적의 성과 평가 기간은 어느 정도라고 생각하십니까?]

[설문1]

20X0년 1월 1일, XX기금은 당신에게 1,000억 원(벤치마크: KOSPI)을 집행하였고, 당신은 모든 역량을 총동원하여 운용에 집중하고 있습니다.

그러나 운용 성과는 설정일 이후 단 하루도 벤치마크 대비 마이너스(-)를 벗어나지 못하고 있습니다. 단, 벤치마크 대비 마이너스(-) 성과의 크기는 -5,000bp이든 -1bp이든 크기는 중요하지 않다고 가정하겠습니다.

XX기금은 단지 "설정일 이후 벤치마크 대비 마이너스(-) 성과"만의 이유로 투자 자금 회수를 결정한다면, 위탁 자산 운용역의 입장에서 설정일 이후 어느 정도의 기간이 지났을 때 회수를 당한다면, 불만이 없겠습니까?

[결과1]

위탁 자산 운용역의 답변은 1.5년 ~ 2.0년의 분포가 가장 높게 나타났습니다.

[응답 분포도, 응답 수: 43]

구분	~ 1년	~1.5년	~ 2년	~ 2.5년	~ 3년	3년 ~	5년 ~
응답	5	23	11	0	3	0	1
비중	11.6%	53.5%	25.6%	0.0%	7.0%	0.0%	2.3%

[설문2]

응답표를 살펴보면 1.5년 ~ 2년 사이를 선호하는 결과를 보였습니다.

그 이유는 무엇일까요? 단순하게 3년을 주장하지 않는 이유는 무엇일까요?

[결과2]

운용은 집행된 자금과 운용 전략을 결합하여 시작합니다.

운용을 시작하면서 운용 전략이 시장의 변동과 맞지 않아 운용 성과에 피해가 발생한 경우, 이를 복구하기 위한 시간을 고려한 것으로 생각되며, 운용자들은 기본적인 운용 기간 1년과 (혹시 발생할 수 있는) 피해 복구에 필요한 여유 기간(3월 ~ 9월)을 고려한 것으로 생각됩니다.

3년의 비중이 낮은 이유는 복구 기간까지 고려하여 설정 후 1.5년 ~ 2년의 기간을 운용한 결과 벤치마크 대비 마이너스(-)의 성과를 달성한 것은 운용 전략 또는 시장 대응의 실패를 원인으로 생각하는 것 같습니다.

설정일 이후 2년 가까이를 벤치마크 대비 계속해서 마이너스(-) 성과를 인내하고 있는 XX기금에게 추가적인 운용 기간을 요청하는 것은 무리가 있다고 생각합니다.

[설문3]

해외 사례를 살펴보면, 성과 평가는 5년 또는 10년 이상 장기 운용을 하였을 때 운용자의 운용 능력을 확인할 수 있다는 연구 자료 등을 참고할 때 당신은 너무 짧은 운용 기간으로 답변하였습니다.

해외 사례 등을 참조하여 5년, 10년 또는 그 이상을 주장하지 않습니까?

[결과3]

해외는 해외이고, 국내는 국내입니다. 각자의 주어진 여건에 맞추어 운용에 최선을 다하는 것이 프로의 기본적인 자세입니다. 위탁 자산 운용역의 입장에서 설정일 이후 단 한 번도 벤치마크 대비 플러스(+)의 성과를 달성하지 못하는 상황에서 투자자인 XX기금에게 5년, 10년을 기다리라고 할 수 없습니다. 해외와 비교하여 장기 투자가 뿌리내리지 못한 척박한 국내 투자 여건을 탓하기보다는 위탁 자산 운용역의 운용 전략 또는 운용 능력 부족으로 보는 것이 타당합니다.

[설문4]

위탁 투자 운용역의 입장에서 어떤 환경이 조성된다면 운용하기 편한 여건이 될 수 있겠습니까?

[결과4]

가장 원하는 운용 여건은 지속 가능한 운용입니다.

투자 기관의 고유한 특성이 존재함으로 평가 항목과 배점, 평가 방식, 평가 기간에 대한 특별한 요구 사항은 없습니다.

다만 투자 기관이 요구하는 특정 기간의 투자 목표(벤치마크) 성과를 달성한다면, 계속해서 운용할 수 있는 여건이 만들어진다면 위탁 자산 운용역의 입장에서는 충분한 운용 여건이라고 생각합니다.

[설문의 해석] 평가 기간은 1년과 3년의 조합을 선호

설문을 통해 위탁자산 운용역이 선호하는 평가 기간은 ① 1.5년 ~ 2.5년 또는 ② 1년과 3년 조합이라고 유추할 수 있으며 투자 기관과 위탁 운용사 간 목표 기간과 성과를 상호 공유하고 지속 가능한 운용 환경을 조성하는 것 역시 중요하다는 시사점임을 얻을 수 있습니다.

EX) 평가 기준일, 3년 성과가 투자 목표(= 벤치마크 수익률)을 상회하면 운용 자금의 회수는 없다.

> ※ 2010년에 실행된 설문으로 현재의 상황과 차이가 있으므로, 주기적인 의사소통으로 시장 및 운용 조건의 변화를 파악하는 과정은 필요합니다.

2.3.4 위탁 자산 운용역 변경 시 고려 사항

위탁 자산 운용역 변경 시 고려사항

위탁 운용 담당자는 정기/부정기적으로 위탁 자산 운용역 변경 내역을 모니터링하여야 합니다.

① 과거 투자 기관 A의 위탁 자산 운용역들의 평균 운용 기간과 변경 이유는 무엇인가?

② 위탁 자산 운용역의 변경 전/후의 운용 성과 등은 어떻게 변동하였는가?

위탁 자산 운용역의 불가피한 변경을 대비하여 위하여 투자 기관 A는 위탁 자산 운용역(정)/(부) 체계를 구축하는 것이 바람직합니다.

잦은 위탁 자산 운용역의 변경은 운용 성과에 좋은 영향을 기대하기 어렵고, 운용의 안정성과 일관성을 저해하는 주요한 원인으로 작용할 수 있습니다.

이에 따라 위탁 운용 담당자는 위탁 자산 운용역 변경에 대한 벌칙 조

항과 장기적으로 운용에만 집중할 수 있는 제도적 장치를 강구하여야 합니다.

핵심 운용역이 이탈(= Keyman Risk)하는 경우의 대처 방안

위탁 운용 담당자는 인터뷰 등을 통하여 핵심 인력(Keyman)이 누구이며, 어느 수준의 역량과 영향력을 발휘하는지 파악할 수 있습니다.

위탁 자산 운용역의 이탈이 발생하였다면, 위탁 운용 담당자는 운용에 미치는 영향을 점검하여야 합니다.

[핵심 운용역이 이탈하는 경우]

> 지난 주 투자 기관 A의 위탁 자금 중 2조 원을 10년 이상 운용하였던 Zebra의 핵심 인력인 Mr.Lee는 7명의 동료들과 함께 대형 위탁 운용사 Lions로 이직하였습니다.
> 오늘 오전 Mr.Lee는 다음과 같은 요청을 하였습니다.
> - Zebra 재직 시, 10년 이상 우수한 운용 성과와 운용 규모 등의 운용 경력, 핵심 인력(Keyman)이었던 점과 Zebra의 핵심 운용 인력이 그대로 Lions로 이동하여 투자의 연속성을 확보한 점
> - 대형 위탁 운용사 Lions의 역량과 결합하여 우수한 성과 달성을 자신하며, Zebra에서 운용 자산 일부를 Lions로 이전 투자를 요청하였습니다.

① Zebra를 대처하는 방안

- 위탁 운용 담당자는 Mr.Lee와 동료 7인의 이탈이 미치는 영향을 분석하고, 인력 유출에 따른 Zebra의 대처 방안과 운용 역량이

충분한 경우	불충분한 경우
· 기존 운용 유지	· 운용 인력 및 조직에 대한 모니터링 기간 설정하고 자금 배분 제한 또는 운용 자금의 일부 또는 전액 회수

② Lions를 대처하는 방안

Mr.Lee가 주장하는 운용의 일관성, 핵심 인력 등은 Zebra와 관련된 것이며 Lions와는 관련성이 없음을 주의해야 합니다.

만일 Mr.Lee(= 핵심 인력)과 동료들의 이직으로 Zebra의 운용 자금 일부가 Lions로 집행된다면 Lions는 위탁 운용사 선정 절차 없이 선정되는 결과가 됩니다.

Mr.Lee의 주장대로 Lions가 더 우수한 운용 역량을 가졌다면, Lions는 신규 선정 과정을 무난히 통과할 것이므로, Zebra의 투자 자금 일부를 Lions에 이전하는 것은 신중하여야 합니다.

2.4 위탁 규모 증가를 대비한 그룹별 위탁 운용사 관리 방안

그룹별 위탁 운용사 관리는 메이저리그의 승격 제도를 참조하였으며, 위탁 운용사의 단계적 육성과 퇴출을 유도하여 운용의 안정성을 확보하려는 목표가 있습니다.

위탁 운용사를 그룹별로 구분할 때 최적의 기준점은 운용 역량입니다. 운용 역량은 가장 이상적인 방법이지만, 실무에서는 이를 구분하고 평가하는 것은 매우 어려운 작업입니다.

안정적인 위탁 운용 체계를 구축한 투자 기관이라면, 장기간 우수한 운용 성과를 보인 위탁 운용사의 운용 규모는 대규모일 가능성이 높습니다. 그룹별 위탁 운용사의 구분 기준은 이해의 편의를 위해서 '운용 규모'를 기준으로 잡았습니다.

[최고와 신인 투수의 선택]

Case Ⅰ: 최동원	Case Ⅱ: 김우수
정규 리그 우승의 주역 명예의 전당 헌액 - 허리 부상으로 출전 불가능 구단의 선택은? ① 출전 불가능으로 최동원 방출 ② 2군으로 보내 재활에 집중하고 내년 정규 시즌을 대비	국가 대표 제1 선발 신인 1순위 지명 - 직구 160Km 이상 구단의 선택은? ① 1군 선발 투수로 즉시 활용 ② 2군에서 활용 가능성 점검 후 1군 편입 여부 결정

그룹별 위탁 운용사 관리의 필요성

위탁 운용 규모가 초대형으로 성장한 경우,

① 장기간 운용하고 초대형 규모로 성장한 위탁 운용사와

② 신규로 진입한 위탁 운용사 간의 운용 역량과 운용 규모 등에서 현격한 차이가 발생할 수 있습니다.

[위탁 유형: XX투자형]

① 장기 위탁 운용사	· 10년 전 선정된 후 100억 원으로 운용 시작 · 현재 운용 규모: 1.3조 원
② 신규 위탁 운용사	· 작년에 선정된 후 300억 원으로 운용 시작 · 현재 운용 규모: 302억 원

투자 기관 A의 위탁 규모가 초대형으로 성장하고, 위탁 운용사 간 운용 규모가 현격한 차이가 발생하는 경우 다음의 상황을 고민하여야 합니다.

① 초대형(1조 원 이상)과 소형(300억 원) 위탁 운용사는 동일한 평가 기준을 적용할 것인가?

② 신규로 진입한 소형(300억 원) 위탁 운용사의 운용 성과가 매우 뛰어난 경우, 단기간이라도 초대형(1조 원 이상) 규모로 육성시킬 것인가?

③ 초대형(1조 원 이상) 위탁 운용사의 자금 회수 시 발생할 수 있는 시장 충격 등에 대한 위험 방지책은 마련되었는가?

④ 초대형(1조 원 이상) 위탁 운용사의 장기적으로 안정적인 성과 달

성을 위한 유인책은 마련되었는가?

⑤ 위탁 규모가 초대형이고, 많은 위탁 운용사를 활용하고 있는 상황에서 위탁 운용사 K를 회수하고, K의 빈자리를 위탁 운용사 J로 선정하는 경우 J의 운용 역량이 K보다 현저히 낮다면 K의 회수는 합리적인가?

그룹별 위탁 운용사 관리의 기대 효과

시장 대응이 민첩한 소형 위탁 운용사와 달리 초대형 위탁 운용사는 더 높은 수준의 운용 역량과 관리 능력이 필요합니다.

초대형과 소형 위탁 운용사 간의 종목별 구성, 특징 및 운용 방식의 차이는 분명히 존재하지만, 동일한 위탁 유형의 평가는 동일한 평가 기준을 적용하는 것이 바람직합니다.

다만, (운용 규모에 따른) 그룹별 위탁 운용사 관리 방안을 도입하여 위탁 운용 전체의 안정적인 운용을 유도할 필요가 있으며, 위탁 운용사의 운용 역량 또는 운용 규모 등을 기준으로 위탁 운용사를 그룹Ⅰ, 그룹Ⅱ 그리고 그룹Ⅲ으로 구분하여 관리할 수 있습니다.

[운용 규모에 따른 그룹별 위탁 운용사 관리]

구분	그룹Ⅰ	그룹Ⅱ	그룹Ⅲ
	(정규 운용사)		(후보 운용사)
운용 규모 (예시)	· 초대형 (7,500억 원 이상)	· 대형 ~ 소형(250억 원 이상)	· 소형 또는 가상 펀드(50억 원 이하)

평가 기준	·동일한 위탁 유형은 동일한 평가 기준 적용		
평가 방법	·정량 평가 및 정성 평가		·정량 평가
평가 대상	·(그룹Ⅰ+그룹Ⅱ) 같이 평가		그룹Ⅲ만 별도 평가
승급 결정	-	·운용 규모(초대형) & 특정 조건을 충족 ⇒ 그룹Ⅰ로 승격	·공모 또는 사모 선정 ·특정 조건을 충족 시 그룹Ⅱ로 승격
자금 회수 결정	·운용 자금 일부 회수 & 그룹Ⅱ로 이동 ⇒ 그룹Ⅱ에서 운용	·운용 자금 완전 회수 & 그룹Ⅱ 탈락 ⇒ 그룹Ⅲ 지원 가능	·운용 자금 완전 회수 & 그룹Ⅲ 완전 탈락 & N년간 지원 금지
동기 부여	·운용 규모를 고려한 장기/안정 운용을 위한 전담 인력/조직 등을 요구 ·운용 보수율 인상 등 동기 부여(안) 마련	·그룹Ⅲ에서 검증한 운용 능력을 기본으로 투자 기관의 위탁 운용 전략에 정규 편입 ·그룹Ⅲ 대비 운용 규모 확대하여 동기 부여	·운용 역량은 있으나, 위탁 운용사의 여건이 열악한 경우, 검증의 기회를 부여하여 운용 능력을 검증 후 그룹Ⅱ로 육성
투자 전략	·위탁 유형에 충실한 위탁 운용사의 다양한 투자 전략을 적용하고, 수익/위험을 분산하여 장기적으로 안정적인 위탁 운용 성과 달성 ·위탁 운용사 간의 수익률 경쟁에서 벗어난 위탁 운용사별 독자적인 투자 전략 구현이 핵심		·투자 철학, 인력, 프로세스, 성과를 검증하여 위탁 유형의 적합성 검증

[(운용 규모에 따른) 그룹별 위탁 운용사 관리의 장점과 단점]

장점	① 위탁 운용사의 장기적이고 안정적인 성과 유인 · 위탁 규모 증가에 따른 인력 및 프로세스 등 확보 요구 · 독자적인 투자 전략 구현으로 성과 개선 기대 ② 대형 운용 자금 회수 시 매도 충격 완화 및 성과 회복 기회 확보 ③ 신규 위탁 운용사 발굴과 육성 · 위탁 운용사 선정 위험 감소: 운용 역량 등 사전 검증 · 신규 위탁 운용사의 철학, 인력. 프로세스, 성과 등의 자료 확보
단점	① 경험과 역량 우수한 위탁 운용 담당자 확보 필요 · 그룹별 위탁 운용사 체계 개선 등의 사례 부족 ② 위탁 운용 담당자의 업무량 증가

제3장 See

이 책을 펼쳐보는 분들 중에는 틀림없이 제3장 See 편을 먼저 읽어 보시는 분들이 있을 겁니다. 그만큼 성과 분석은 위탁 운용 담당자에게 높은 수준의 고통과 스트레스를 유발할 수 있는 분야입니다.

간단한 한 문장 "이 위탁 자산의 성과는 왜(= Why) 이래?"라는 운용 결과에 대한 질문에 관련된 수치 근거를 제시하며 답변하기는 쉬운 과정이 아닙니다.

또한 위탁 운용 규모, 위탁 자산의 수와 투자한 종목의 거래량이 증가할수록 그리고 평가 기간이 길어질수록 성과 분석의 어려움은 증가합니다.

국민연금기금에서 위탁 운용을 담당하였던 긴 기간 동안 위탁 자산의 성과 분석은 가장 도전적인 과제였습니다. 80여 개가 넘는 위탁 자산의 성과, 종목별 수익률과 손익을 1원 단위로 측정하고 평가하는 과정은 고되고 지루한 작업일 수밖에 없습니다.

국내/국외 위탁 운용 담당자들과 성과 분석을 수행하는 과정에서의 고민과 한계를 공유하고, 각자 처한 상황을 다양한 아이디어와 노동력으로 문제 해결에 동참하는 과정에서 서로의 고민에는 공통분모가 있다는 사실을 쉽게 발견할 수 있었습니다. 그 고민의 공통분모는 '투자한 종목의 기여도'였습니다.

제3장 See에서는 성과 분석의 공통 관심사인 '투자한 종목의 기여도'

에 접근해 보겠습니다.

투자한 종목의 기여도에 접근하기 위해서는 ① (투자한) 종목, ② (투자한 종목의) 손익이 필요하여 제3장 SEE(= 성과 분석)의 핵심어는 [Ⓐ 종목, Ⓑ 손익, ③ 기여도]로 정하겠습니다.

※ [참고] 성과 분석에 핵심 항목인 수익률(시간 가중/금액 가중), 위험(절대 위험/상대 위험), 위험 조정 성과(샤프 비율/젠센 알파/트래킹 에러/IR) 등의 정의와 측정 방법 등은 다루지 않고, 오직 '기여도'에 분석의 초점을 맞추겠습니다.

3.1 성과 분석

3.1.1 성과 분석의 목적

성과 분석의 목적

성과 분석의 목적은 Plan과 Do의 단계에서 계획하고 실행하였던 일련의 과정이 운용 결과에 미친 원인과 일관성 여부를 확인하고, 이를 다시 Plan 단계에 반영할 수 있는 근거를 마련하는 것입니다.

성과 분석이란 달성한 성과의 원인을 파악하는 일련의 계량분석 과정이며, 일반적인 성과 분석(수익률, 위험, 위험 조정 성과 등)은 운용 결과의 우열을 가려줄 수는 있어도 우열이 나타난 원인을 설명하지 못합니다.

그러므로 위탁 자산 A의 운용 성과는 어떤 개별 종목에 투자하여, 얼마의 이익과 손실을 얻었는지를 수치로 분석하고, 이를 근거로 섹터 및 스타일 등으로 분석 범위를 확대하여 운용 성과에 미친 영향의 크기(= 기여도)를 분석하고 원인을 밝혀야 합니다.

성과 분석의 대상

① 성과 분석의 대상은 위탁 자산과 위탁 자산이 투자한 종목의 성과이며,

② 투자 기관 A 전체의 운용 성과, 전략적 자산 배분(SAA), 전술적 자산 배분(TAA), 벤치마크 선택 효과 등은 대상에서 제외합니다.

3.1.2 성과 분석의 3단계

①단계: 손익의 원천을 1원 단위로 밝혀내야 합니다.

> · If you want a doctor,
> I'll examine every inch of you.
>
> From I'm your man,
> Written & Sung by Leonard Cohen

위탁 운용 담당자는 성과 분석을 수행할 때 선입견을 주의하여야 합니다.

- Rt-BM > 0인 경우: 위탁 자산 내 편입한 종목 중 잘한 것만(수익률이 좋은) 찾을 가능성이 높습니다.

- Rt-BM < 0인 경우: 위탁 자산 내 편입한 종목 중 못한 것만(수익률이 나쁜) 찾을 가능성이 높습니다.

KOSPI(1.07%)는 거래소의 모든 종목 수익률(2.21% ~ -0.94%)을 합산한 결과이듯이, 위탁 자산의 성과는 모든 편입된 종목 성과의 합계입니다.

그러므로 위탁 자산의 성과 분석의 1단계는 편입된 모든 종목의 수익률과 손익을 1원 단위로 계산함으로 출발합니다.

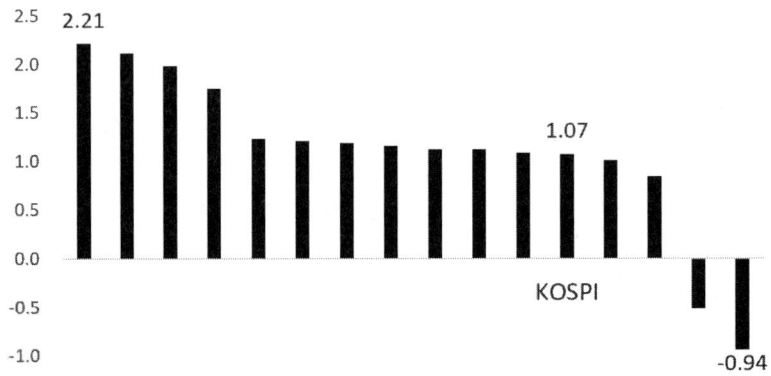

②단계: ①단계를 이용하여 성과의 원인을 밝혀내야 합니다.

미국 노스캐롤라이나 대학교(University of North Carolina)는 수년간 졸업생들의 학과별 평균 연봉을 조사한 결과 평균 연봉이 가장 높은 학과는 문화지리학과로 조사되었습니다.

보통은 경영대학, 공과대학, 법과대학, 의과대학 등 전문직으로 진출할 수 있는 학과의 평균 연봉이 높을 것으로 기대하였지만, 문화지리학과 졸업생의 평균 연봉이 가장 높다는 점은 다소 의외였습니다.

조사자 Y씨는 그 원인을 알아보기 위해 문화지리학과 졸업생들의 연봉을 조사하는 과정에서 졸업생 중 마이클 조던(Michael Jordan)이 있다는 사실을 발견하였습니다.

결국 문화지리학과 졸업생의 평균 연봉이 가장 높았던 이유는 천문학적인 마이클 조던(Michael Jordan)의 연봉 때문이었습니다.

마이클 조던의 효과는 다음의 산식(A-B)으로 계산할 수 있습니다.

(A) 마이클 조던 포함 시	(B) 마이클 조던 제외 시
$\dfrac{\Sigma(\text{문화지리학과 졸업생 연봉})}{\text{문화지리학과 졸업생 수}}$	$\dfrac{\Sigma(\text{문화지리학과 졸업생 연봉})-\text{마이클 조던 연봉}}{\text{문화지리학과 졸업생 수}-1}$

③단계: ①단계와 ②단계를 이용하여 보다 개선된 위탁 운용 전략 구현에 활용할 실마리를 찾아내야 합니다.

- 타자는 어느 순간부터 자신이 가장 좋아하는 코스가 어디인지 알게 된다. 낮은 공과 높은 공, 안쪽 공과 바깥쪽 공을 똑같이 잘 칠 수 있는 타자란 이 세상에 존재하지 않는다.
- 모든 타자들에게는 자신이 좋아하는 코스가 있다. 즉 훌륭한 타자가 되기 위해서는 자신이 가장 치기 좋은 공을 골라서 쳐야 한다. [출처: 타격의 과학, 이상미디어]

미국 메이저리그의 마지막 4할 타자인 테드 윌리암스의 스트라이크 구역별 타율표를 보면, 바깥쪽 낮은 구역은 2할대의 타율을 보여주고, 중간 부분은 4할 이상의 타율을 보여주고 있습니다.

테드 윌리암스의 주장처럼 완전무결한 타자란 존재할 수 없듯이 완전무결한 위탁 운용 체계 또는 위탁 운용사는 존재할 수 없습니다.

위탁 운용 담당자는 성과 분석의 결괏값을 명확하게 해석할 수 있고, 무엇이 강점과 단점인지를 파악한 후 이를 위탁 운용 Plan과 Do 단계에 반영하고 개선시킬 수 있는 근거를 마련하여야 합니다.

3.2. BHB(Brinson-Hood-Beebower, 1986) 성과 분석 모형

3.2.1 BHB(Brinson-Hood-Beebower) 성과 분석 모형 이란

포트폴리오에 편입된 종목/섹터 등의 ① 보유 비중, ② 수익률을 사용하여 [배분(allocation) 효과, 선택(Selection) 효과, 상호(Interaction) 효과]로 성과 분석을 수행합니다.

No	종목
배분 효과 (Allocation)	개별 자산의 보유 비중을 벤치마크의 보유 비중과 다르게 보유함으로써 발생하는 효과를 분석합니다.
선택 효과 (Selection)	개별 자산의 수익률과 벤치마크 수익률 간의 차이로 발생하는 효과를 분석합니다.
상호 효과 (Interaction)	배분 효과와 선택 효과로 설명되지 않은 부분을 보완합니다.

```
Ri ┌─────────────────────┬─────────────────────┐
   │     종목 효과       │     상호 효과       │
   │    (Selection)      │    (Interaction)    │
Bi ├─────────────────────┼─────────────────────┤
수 │                     │                     │
익 │   벤치마크 기여 부분 │     배분 효과       │
률 │                     │    (Allocation)     │
   └─────────────────────┴─────────────────────┘
   0      보유 비중      Wi                    wi
```

R_i: 종목 A의 수익률 　　　w_i: 종목 A의 보유 비중

B_i: 벤치마크 수익률 　　　W_i: 종목 A의 벤치마크 보유 비중

3.2.2 BHB(Brinson-Hood-Beebower, 1986) 모형의 적용

[1. 운용 정보 [요약]]

구분	비중			수익률		
	위탁 자산(w_i, ①)	벤치마크 (W_i, ②)	차이 ③=①-②	위탁 자산 (R_i, ④)	벤치마크 (B_i, ⑤)	차이 ⑥=④-⑤
A	50%	50%	0%	18%	10%	8%
B	30%	20%	10%	-3%	-2%	-1%
C	20%	30%	-10%	10%	12%	-2%
합계	100%	100%	0%	10.1%	8.2%	1.9%

[계산식]

④ $R = \sum_{i=1}^{i=n} w_i R_i$ = [50%×18%]+[30%×(-3%)]+[20%×10%] = 10.1%

⑤ $R = \sum_{i=1}^{i=n} w_i R_i$ = [50%×10%]+[20%×(-2%)]+[30%×12%] = 8.2%

⑥ (④ - ⑤) = 1.9%

[2. 배분(Allocation) 효과 분석]

구분	계산
A	(50% - 50%) × 10% = 0.0%
B	(30% - 20%) × -2% = -0.2%
C	(20% - 30%) × 12% = -1.2%
합계	-1.4%

[산식]
$A_i = (w_i - W_i) B_i$
w_i: 섹터 i의 비중
W_i: 섹터 i의 벤치마크 비중
B_i: 섹터 i의 벤치마크 수익률

[3. 선정(Selection) 효과 분석]

구분	계산
A	50% × (18% - 10%) = 4.0%
B	20% × (-3% - -2%) = -0.2%
C	30% × (10% - 12%) = -0.6%
합계	3.2%

[산식]
$S_i = W_i(R_i - B_i)$
W_i: 섹터 i의 벤치마크 비중
R_i: 섹터 i의 수익률
B_i: 섹터 i의 벤치마크 수익률

BHB 모형은 배분 효과와 종목 효과만으로 수익률 차이를 완전하게 설명하지 못합니다.

배분 효과(-1.4%) + 종목 효과(3.2%) = 1.8%로 전체 초과 수익률 1.9%와 0.1% 차이가 발생합니다. 이 차이를 보완하기 위해서 상호 효과 분석을 수행하여야 합니다.

[4. 상호(interacton) 효과]

구분	계산	
A	(50% - 50%) × (18% - 10%) = 0.0%	[산식] $I_i = (w_i - W_i)(R_i - B_i)$ w_i : 섹터 I의 비중 W_i : 섹터 i의 벤치마크 비중 R_i : 섹터 i의 수익률 B_i : 섹터 i의 벤치마크 수익률
B	(30% - 20%) × (-3% - -2%) = -0.1%	
C	(20% - 30%) × (10% - 12%) = 0.2%	
합계	0.1%	

[5. 최종 분석 결과]

구분	배분 효과	종목 효과	상호 효과	합계
A	0.0%	4.0%	0.0%	4.0%
B	-0.2%	-0.2%	-0.1%	-0.5%
C	-1.2%	-0.6%	0.2%	-1.6%
합계	-1.4%	3.2%	0.1%	1.9%

3.2.3 BHB 모형의 장점과 한계

BHB 모형은 수익률과 보유 비중을 이용하여 간편하게 성과 분석을 수행할 수 있는 장점이 있으나, 현실의 성과 분석에 적용하기에는 다음과 같은 이유로 설명력이 떨어지는 단점이 있습니다.

① 위탁 자산과 벤치마크 포트폴리오 간의 1:1 가정

액티브 또는 패시브 운용을 불문하고 종목 선별, 투자 유니버스 구성 과정을 고려하면 위탁 자산에 편입된 종목의 수는 벤치마크 종목 수에 비하여 적게 보유할 가능성이 높습니다.

이는 위탁 자산에 편입된 개별 종목 비중은 벤치마크 비중 대비 높게 보유할 가능성이 높다는 의미입니다.

- BHB 모형의 적용을 확인하면 3개(A, B, C)의 종목으로 구성된 위탁 자산의 비중은 100%이고, 벤치마크의 비중도 100%인 가정에서 성과 분석을 수행합니다. 이러한 1:1의 비교 구조는 ⓐ 미보유 종목의 성과 분석, ⓑ (-) 손익 종목의 (+)기여도 발생으로 해석의 오류가 발생할 수 있습니다.

ⓐ 미보유 종목의 성과 분석	위탁 자산 A는 보유 종목(35종목)과 벤치마크(350종목) 간 다음과 같은 성과 분석표를 만들 수 있습니다.

No	종목	비중		
		보유 ①	벤치마크 ②	차이 (①-②)
1	A	8.5%	9.0%	-0.5%
2	B	8.4%	7.2%	1.2%
3	C	7.9%	6.5%	1.4%
4	D	7.8%	5.4%	2.4%
5	E	7.7%	5.1%	2.6%
...	...	...	...	...
35	AF	2.5%	0.3%	2.2%
36	AG	-	0.3%	-0.3%
37	AH	-	0.3%	-0.3%
...	...	-	0.*%	-0.*%
350	ZZ	-	0.0%	-0.0%
합계		100%	100%	0.0%

위탁 자산이 보유한 종목(35종목)은 벤치마크와 비교할 수 있으나, 위탁 자산이 보유하지 않은 No.36 이후의 종목별 성과 분석 결과는 모형에 의한 산출된 수치일 뿐 해석이 모호해질 수 있습니다. 예를 들어 "종목 AG와 AH는 투자하지 않아서 (+)15bp의 기여도를 보였습니다"는 해석이 명확하지 않을 수 있습니다.

	BHB 모형에서 (+) 기여도는 [종목 수익률은 벤치마크보다 높고(낮고), 종목 비중은 벤치마크보다 높을 때(낮을 때)] 발생합니다.
ⓑ 손실 종목의 (+) 기여도 발생	<table><tr><th rowspan="2">구분</th><th colspan="2">수익률</th></tr><tr><th>위탁 자산 > BM</th><th>위탁 자산 < BM</th></tr><tr><td>보유 비중 위탁 자산 > BM</td><td>+</td><td>-</td></tr><tr><td>위탁 자산 < BM</td><td>-</td><td>+</td></tr></table> 위탁 자산과 벤치마크 간 종목별 비중이 1:1이 아닌 경우, 종목 수익률이 벤치마크보다 낮아 손실이 발생하였지만 종목 비중이 벤치마크보다 낮게 유지하는 경우에는 (+)의 기여도가 발생할 수 있습니다.

BHB 모형의 분석 범위는 스타일(대형주/중·소형주형), 섹터별 분석에는 적용 가능하지만, 종목 단위 분석에는 설명력이 떨어지는 단점이 있습니다.

② BHB 모형은 Buy and Hold를 가정

BHB 모형은 Buy and Hold를 가정하며 위탁 자산의 규모가 변동하고, 투자 종목의 편입/퇴출 등의 변동이 수시로 일어나는 운용 환경에서 보유 비중의 오차가 발생하여 모형의 설명력은 감소할 수 있습니다.

종목 A의 규모가 위탁 자산 1,000원일 때의 10%와 2,000원일 때의 10%의 기여도는 동일하지 않습니다.

③ BHB 모형은 기여도의 크기와 성과 원천 분석이 어려움

BHB 모형은 운용 성과가 어떻게 달성되었는지에 대한 분석은 수행하지 않습니다. 성과 분석을 수행하는 과정에서는 수익률과 함께 손익 원천인 배당금, 수입 이자, 처분손익 그리고 평가 손익 등은 얼마이고, 각 원천별 비중은 얼마인지 알아야 하는 것이 중요한 경우가 많습니다.

3.3. 투자 손익 상대 비교를 이용한 성과 분석

※ 투자 손익 상대 비교를 이용한 성과 분석은 국민연금기금에서 위탁 자산의 종목별 기여도를 분석하기 위하여 활용하였으며, 성과 분석의 이론적 배경보다는 ① 종목별 회계적 손익과 수익률을 계산하고, 이를 ② 벤치마크 수익률과 손익과 비교하여 ③ 종목별 기여도를 확인하고자 활용하였던 방법론입니다.

3.3.1 종목별 투자 손익을 계산하는 이유

성과 분석의 핵심어는 ① 종목, ② 손익과 수익률 그리고 ③ 기여도입니다.
위탁 자산 전체 → 자산군별 → 스타일(섹터)별 → 종목별 순으로 손익과 수익률을 계산하면 운용 성과의 원인을 쉽게 확인할 수 있고, 운용 결과의 검증 가능성과 이해 가능성을 높일 수 있습니다.
위탁 운용 담당자는 손익과 수익률을 같이 계산하는 훈련이 필요합니다.
XX년 7월 위탁 자산 A가 투자한 종목 중

ⓐ 기아차의 수익률은 1.25%입니다.	(△)
ⓑ 기아차의 수익률은 1.25%이고, 손익은 배당금: 0원 처분 손실: −30.3백만 원 평가 이익 53.9백만 원 합계 23.6백만 원입니다.	(○)

- 수익률과 손익의 계산 방식

· 수익률(시간 가중 수익률, Time-Weighted return) 적용: 일 수익률을 계산하고, 이를 지수화하여 기간 수익률을 계산합니다.

수익률(Rt) = $\frac{기준가격_1}{기준가격_0}$ -1 단, 기준 가격1: 기말 기준 가격, 기준 가격0: 기초 기준 가격

· 손익: 순자산 가치(NAV, Net Asset Value)를 이용하여 계산

= (NAV1 - NAV0) ± (투자 또는 회수)

단, NAV1: 기말 순자산 가치, NAV0: 기초 순자산 가치

위탁 자산 A의 수익률과 손익 계산

위탁 운용 담당자는 위탁 자산별로 자산군별 손익과 수익률을 원천별로 계산하고, 다음의 표를 작성할 수 있어야 합니다.

[자산군별 손익과 수익률 계산]

구분	이자	배당금	처분 손익	평가 손익	기타 손익	합계
주식	-	○	○	○	○	○
채권	○	-	○	○	○	○
대체 자산	○	○	○	○	○	○
유동 자산	○	-	○	○	○	○
외환	○	○	○	○	○	○
기타	○	○	○	○	○	○
합계	○	○	○	○	○	○

[운용 비용의 보수액과 보수율 계산]

기본 보수	성과 보수	수탁 보수	판매 보수	사무 수탁	펀드 평가	합계
○	○	○	○	○	○	○

3.3.2 투자 손익 상대 비교를 이용한 성과 분석의 4단계

성과 분석의 사전 준비

- 위탁 자산 A의 성과 분석은 순자산 가치(NAV, Net Asset Value)에서 출발함으로, 위탁 운용 담당자는 순자산 가치(NAV, Net Asset Value)의 계산 과정을 명확하게 알고 있어야만 성과 분석을 수행할 수 있습니다.

성과 분석의 4단계

1단계: 운용 성과 분석
① 위탁 자산 A의 수익률과 손익 계산
② 위탁 자산 A의 벤치마크 수익률과 벤치마크 손익 계산
③ 위탁 자산 A에 편입된 자산군별·스타일별·종목별 수익률과 손익 계산
④ 위탁 자산 A에 편입된 자산군별·스타일별·종목별 벤치마크 수익률과 벤치마크 손익 계산

2단계: 운용 비용 분석
① 위탁 자산 A의 운용 및 거래 비용 분석

3단계: 위험 분석
① 위탁 자산 A의 위험 및 위험 조정 지표 분석

4단계: 지표 분석 등
① 기타 필요한 투자 지표 비교 분석 등

[예제 3.3.2-1] 위탁 자산 A의 운용 성과 분석

위탁 자산 A의 기초 정보를 이용하여 다음의 질문에 답을 하시오.

○ 투자 대상: 국내 주식	※ 투자 및 회수는 없음	
구분	202X.01.01	202X.12.31
① 설정 좌수	656,353,157	656,353,157
② NAV (원)	851,517,327	838,407,484
③ A의 기준 가격	1,297.35	1,277.37
④ A의 벤치마크 기준 가격	2,949.71	2,905.95

Q1. 위탁 자산 A의 수익률과 초과 수익률을 계산하시오.

A1. 위탁 자산 A의 수익률은 -1.54%, 초과 수익률은 -0.05%입니다.

구분	수익률	계산식
ⓐ A의 수익률	-1.5401%	$= \dfrac{1,277.37}{1,297.35} - 1$
ⓑ A의 벤치마크 수익률	-1.4835%	$= \dfrac{2,905.95}{2,949.71} - 1$
ⓒ 초과 수익률 (= ⓐ-ⓑ)	-0.0565%	

Q2. 위탁 자산 A의 투자 손익을 계산하시오.

A2. 위탁 자산 A의 투자 손익은 -13,109,843원입니다.

① NAV_1	② NAV_0	손익(= ① - ②)
838,407,484	851,517,327	-13,109,843

Q3. 위탁 자산 A의 자산별, 원천별 투자 손익을 계산하시오.

A3. 위탁 자산 A의 투자 손익(-13,109,843원)은
주식 손익(-12,989,746원), 유동 자산 손익(17,993원), 운용 보수 (-138,090원)으로 구성되어 있습니다.

구분 (원)	배당금/이자	처분 손익	평가 손익	합계
① 주식	80,930 / X	-3,222,526	-9,848,149	-12,989,746
② 채권				
③ 대체 자산				
④ 유동 자산	X / 17,993			17,993
⑤ 외환				
⑥ 기타				
Ⓐ 소계	98,922	-3,222,526	-9,848,149	-12,971,753
Ⓑ 운용 보수				138,090
위탁 자산 A의 손익(= Ⓐ - Ⓑ)				**-13,109,843**

※ Check Point: A3 손익은 A2 손익과 반드시 같아야 합니다.

   [A2. 위탁 자산 A의 손익 = A3. 자산 및 원천별 손익 = -13,109,843]

Q4. 위탁 자산 A의 항목별 운용 비용과 보수율을 계산하시오.

구분	보수 금액 (원)	보수율 (bp)
ⓒ 합계(= Ⓐ+Ⓑ)	138,090	16.34
① 기본 보수	129,291	15.30
② 성과 보수		
Ⓐ 운용 보수	129,291	15.30
③ 수탁 보수	3,591	0.42
④ 판매 보수		
⑤ 사무 수탁 보수	3,243	0.38
⑥ 펀드 평가 보수	1,965	0.23
Ⓑ 비 운용 보수	8,799	1.04

Q5. 위탁 자산 A가 투자한 자산군별/스타일별/종목별 수익률과 손익을 계산하시오.

위탁 자산 A가 투자한 주식 손익(-12,989,746원)은 배당금(80,930원), 처분 손익(-3,222,526원), 평가 손익(-9,848,149원)으로 구성되었습니다.

Check Point: 개별 주식 손익의 합계는 [A3 주식 손익(-12,989,746원)]과 일치하여야 합니다.

※ 종목별 손익과 수익률은 같이 계산되어야 하며, 수익률 자료는 지면의 한계로 생략하였습니다.

A5.1 종목별 손익 계산

NO	규모	업종	종목 (원)	배당금 80,930	처분 손익 -3,222,526	평가 손익 -9,848,149	합계 -12,989,746
1	대형	서비스업	CJ			-197,390	-197,390
2	중형	서비스업	CJCGV			172,860	172,860
3	KSQ	KSQ	CJE&M			-98,468	-98,468
4	대형	운수창고	CJ대한통운		-53,515	37,070	-16,445
5	대형	음식료품	CJ제일제당			94,197	94,197
6	대형	서비스업	GS			15,194	15,194
7	대형	유통업	GS리테일		-54,164	-25,578	-79,742
8	대형	금융업	KB금융			-1,214,096	-1,214,096
9	중형	보험업	KB손해보험			64,807	64,807
10	대형	화학	KCC			-732,984	-732,984
11	대형	미분류	KT&G		164,368	-677,944	-513,577
12	대형	서비스업	LG			-397,267	-397,267
13	대형	전기전자	LG디스플		-34,345	-95,948	-130,293
14	중형	의약품	LG생명과학		-35,398	-185,925	-221,323
15	대형	화학	LG생활건강			589,203	589,203

NO	규모	업종	종목 (원)	배당금	처분 손익	평가 손익	합계
				80,930	-3,222,526	-9,848,149	-12,989,746
16	대형	전기 전자	LG 이노텍			-45,539	-45,539
17	대형	전기 전자	LG전자			65,201	65,201
18	대형	화학	LG화학			663,149	663,149
19	KS미분류	화학	LG 화학우			1,395,270	1,395,270
20	대형	서비스업	NAVER			801,705	801,705
21	대형	철강 금속	POSCO		-110,902	34,191	-76,711
22	중형	서비스업	SBS			-49,267	-49,267
23	대형	서비스업	SK			-2,195,129	-2,195,129
24	중형	화학	SKC		-249,993	123,354	-126,639
25	대형	서비스업	SK 이노베			217,365	217,365
26	중형	화학	SK 케미칼			48,835	48,835
27	대형	통신업	SK 텔레콤		-352,848	-1,203,857	-1,556,706
28	대형	전기 전자	SK하이닉스			-325,196	-325,196
29	대형	화학	S-Oil			298,389	298,389
30	대형	서비스업	강원 랜드			36,973	36,973
31	대형	철강 금속	고려 아연			163,726	163,726

NO	규모	업종	종목	배당금 (원)	처분 손익	평가 손익	합계
				80,930	-3,222,526	-9,848,149	-12,989,746
32	대형	화학	금호석유			-231,170	-231,170
33	대형	운수장비	기아차		-30,311	53,986	23,675
34	대형	은행	기업은행			-1,106,154	-1,106,154
35	중형	화학	넥센타이어		-17,773	13,684	-4,089
36	중형	의약품	녹십자			-47,534	-47,534
37	중형	음식료품	농심			285,240	285,240
38	중형	서비스업	농심홀딩스			895	895
39	중형	서비스업	대교			131,321	131,321
40	대형	건설업	대림산업		-201,545	-100,638	-302,182
41	대형	증권	대우증권		-363,045	-109,787	-472,832
42	중형	화학	대한유화				
43	대형	보험업	동부화재			1,269,155	1,269,155
44	KSQ	KSQ	로엔			167,105	167,105
45	대형	유통업	롯데쇼핑			-26,463	-26,463

NO	규모	업종	종목	배당금 (원)	처분 손익	평가 손익	합계
				80,930	-3,222,526	-9,848,149	-12,989,746
46	대형	음식료품	롯데칠성		356,460	-454,916	-98,456
47	대형	화학	롯데케미칼		-473,446	297,743	-175,703
48	중형	음식료품	롯데푸드		-62,960	32,909	-30,050
49	KSQ	KSQ	리노공업	29,440		145,360	174,800
50	중형	증권	메리츠증권			-192,205	-192,205
51	중형	비금속	벽산		-119,721	78,817	-40,905
52	대형	전기전자	삼성SDI		51,033	-401,188	-350,155
53	KS미분류	유통업	삼성물산			-341,338	-341,338
54	대형	보험업	삼성생명			648,319	648,319
55	대형	서비스업	삼성에스디			-89,907	-89,907
56	대형	전기전자	삼성전기		55,768	-491,548	-435,780
57	대형	전기전자	삼성전자			-2,515,512	-2,515,512

NO	규모	업종	종목	배당금 (원)	처분 손익	평가 손익	합계
				80,930	-3,222,526	-9,848,149	-12,989,746
58	KS미분류	전기전자	삼성전자우			-117,665	-117,665
59	대형	증권	삼성증권			-218,455	-218,455
60	대형	보험업	삼성화재			45,316	45,316
61	중형	철강금속	세아베스틸		-57,323	-159,676	-216,999
62	중형	유통업	신세계인터		-86,299	43,336	-42,963
63	대형	금융업	신한지주			-834,537	-834,537
64	대형	서비스업	아모레G			-480,667	-480,667
65	대형	화학	아모레퍼			634,353	634,353
66	KS미분류	화학	아모레퍼우			-532,280	-532,280
67	중형	운수장비	에스엘			-102,981	-102,981
68	대형	서비스업	에스원			434,954	434,954
69	대형	서비스업	엔씨소프트	51,490		-178,068	-126,578
70	대형	음식료품	오리온			136,113	136,113

NO	규모	업종	종목 (원)	배당금 80,930	처분 손익 -3,222,526	평가 손익 -9,848,149	합계 -12,989,746
71	대형	의약품	유한양행			-27,279	-27,279
72	대형	유통업	이마트			-442,200	-442,200
73	대형	서비스업	제일기획			12,861	12,861
74	소형	서비스업	종근당홀		-532,410	336,187	-196,223
75	중형	화학	코오롱인더			-600	-600
76	대형	서비스업	코웨이			-127,874	-127,874
77	대형	금융업	하나금융		-114,324	40,373	-73,951
78	대형	금융업	한국금융			-590,030	-590,030
79	대형	전기가스	한국전력			584,921	584,921
80	대형	화학	한국타이어			13,857	13,857
81	KSQ	KSQ	한국토지			-30,278	-30,278
82	대형	운수장비	한국항공			-584,925	-584,925
83	중형	서비스업	한라홀딩스			282,240	282,240

NO	규모	업종	종목 (원)	배당금 80,930	처분 손익 -3,222,526	평가 손익 -9,848,149	합계 -12,989,746
84	중형	서비스업	한미사이언			-650,466	-650,466
85	중형	의약품	한미약품			-579,661	-579,661
86	대형	유통업	한샘			-145,400	-145,400
87	중형	섬유의복	한섬			159,431	159,431
88	중형	섬유의복	한세실업			-301,405	-301,405
89	중형	비금속	한일시멘트			-78,098	-78,098
90	대형	건설업	한전KPS		134,950	-680,175	-545,225
91	대형	건설업	현대건설		-261,940	204,312	-57,629
92	중형	유통업	현대그린			17,797	17,797
93	대형	운수창고	현대글로비			73,102	73,102
94	대형	운수장비	현대모비스			-221,898	-221,898
95	중형	운수장비	현대미포조		-186,138	-33,581	-219,719
96	대형	운수장비	현대위아		-340,495	-35,106	-375,601

NO	규모	업종	종목 (원)	배당금 80,930	처분 손익 -3,222,526	평가 손익 -9,848,149	합계 -12,989,746
97	대형	철강 금속	현대 제철		-157,640	119,654	-37,986
98	대형	운수 장비	현대차		-88,569	229,645	141,076
99	KS미 분류	운수 장비	현대차2 우B			-951,535	-951,535
100	대형	보험업	현대 해상			900,370	900,370
101	대형	유통업	호텔 신라			-428,300	-428,300
102	대형	화학	효성			23,090	23,090

A5.2 업종별 손익 계산

업종별 손익은 A5.1 종목별 손익을 단순 합계하여 계산할 수 있습니다.

NO	업종 (원)	배당금 80,930	처분 손익 -3,222,526	평가 손익 -9,848,149	합계 -12,989,746
1	건설업		-328,535	-576,501	-905,036
2	금융업		-114,324	-2,598,290	-2,712,615
3	미분류		164,368	-677,944	-513,577
4	보험업			2,927,967	2,927,967
5	비금속 광물 제품		-119,721	719	-119,002

NO	업종 (원)	배당금	처분 손익	평가 손익	합계
		80,930	-3,222,526	-9,848,149	-12,989,746
6	서비스업	51,490	-532,410	-1,923,478	-2,404,398
7	섬유의복			-141,973	-141,973
8	운수 장비		-645,513	-1,646,395	-2,291,908
9	운수 창고업		-53,515	110,172	56,657
10	유통업		-140,463	-1,348,145	-1,488,608
11	은행			-1,106,154	-1,106,154
12	음식료품		293,500	93,544	387,044
13	의약품		-35,398	-840,398	-875,796
14	전기 가스업			584,921	584,921
15	전기 전자		72,456	-3,927,394	-3,854,939
16	증권		-363,045	-520,447	-883,492
17	철강 금속		-325,865	157,895	-167,970
18	통신업		-352,848	-1,203,857	-1,556,706
19	화학		-741,212	2,603,892	1,862,680
20	KOSDAQ	29,440		183,719	213,159

A5.3 규모별 손익 계산

규모별 손익은 A5.1 종목별 손익을 단순 합계하여 계산할 수 있습니다.

NO	규모 (원)	배당금	처분 손익	평가 손익	합계
		80,930	-3,222,526	-9,848,149	-12,989,746
1	대형주	51,490	-1,874,511	-8,894,637	-10,717,659
2	중형주		-815,605	-925,871	-1,741,475
3	소형주		-532,410	336,187	-196,223
4	KS미분류			-547,548	-547,548
5	KSQ	29,440		183,719	213,159

※ 전산 시스템을 활용할 수 있다면 다양한 형태의 성과 분석이 가능합니다.

평가 손익 (원)	대형주	중형주	소형주	KS 미분류	KSQ	합계
	-8,894,637	-925,871	336,187	-547,548	183,719	-9,848,149
건설업	-576,501					-576,501
금융업	-2,598,290					-2,598,290
미분류	-677,944					-677,944
보험업	2,863,160	64,807				2,927,967
비금속		719				719
서비스업	-2,147,248	-112,417	336,187			-1,923,478
섬유 의복		-141,973				-141,973
운수 장비	-558,298	-136,562		-951,535		-1,646,395

평가 손익 (원)	대형주	중형주	소형주	KS 미분류	KSQ	합계
	-8,894,637	-925,871	336,187	-547,548	183,719	-9,848,149
운수 창고	110,172					110,172
유통업	-1,067,941	61,133		-341,338		-1,348,145
은행	-1,106,154					-1,106,154
음식료품	-224,606	318,149				93,544
의약품	-27,279	-813,119				-840,398
전기 가스	584,921					584,921
전기 전자	-3,809,729			-117,665		-3,927,394
증권	-328,242	-192,205				-520,447
철강 금속	317,571	-159,676				157,895
통신업	-1,203,857					-1,203,857
화학	1,555,629	185,273		862,990		2,603,892
KSQ					183,719	183,719

[예제 3.3.2-2] 벤치마크 손익과 수익률 계산

Q1. 벤치마크 손익의 개념은 무엇입니까?

A1. 벤치마크 손익이란 위탁 자산 A의 수익률이 벤치마크 수익률과 동일하다고 가정할 때 획득할 수 있는 투자 손익입니다.

벤치마크 손익을 적용하여 계산하면 개별 종목의 보유 및 매매 등을 반영한 운용 손익과 수익률을 벤치마크 손익과 수익률과 비교하여 초과 성과 기여도가 전체 초과 성과에 기여한 크기를 종목별/업종별/스타일별로 간편하게 파악할 수 있는 장점이 있습니다.

Q2. 벤치마크 손익의 계산 방법과 어떻게 적용할 수 있나요?

A2. 벤치마크 손익의 계산

위탁 자산 A의 운용 성과가 다음과 같다고 가정한다면,

NAV		기준 가격		벤치마크 기준 가격	
From	To	From	To	From	To
150,000	180,000	1,042.0	1,250.0	1,000.0	1,150.0

위탁 자산 A의 운용 성과는 다음과 같이 정리할 수 있습니다.

구분	수익률	손익
① RT	20%(주)[1]	30,000[2]
② BM	15%[3]	22,500(주)[4]
③ BM (+)[5](①-②)	5%	7,500

① 종목별 손익 및 수익률 계산

| 종목 | 평가 금액 | | 손익 ③ (=②-①) | RT ④ (= ②/①) | BM ⑤ | BM(+)⑥ (=④-⑤) |
	From ①	To ②				
가	32,500	28,350	-4,150	-12.77%	15.0%	-27.77%
나	35,850	37,200	1,350	3.77%	15.0%	-11.23%
다	37,900	41,650	3,750	9.89%	15.0%	-5.11%
라	18,200	17,960	-240	-1.32%	15.0%	-16.32%
마	25,550	54,840	29,290	114.64%	15.0%	99.64%
합계	150,000	180,000	30,000	20.00%	15.0%	5.00%

---

1) Rt: (기준 가격: $\frac{1,250.0}{1,420.0} - 1 = 20\%$)

2) NAV: 180,000 − 150,000 = 30,000

3) BM기준 가격: $\frac{1,150.0}{1,000.0} - 1 = 15\%$)

4) 벤치마크 손익: 150,000 × 15% = 22,500

5) 위탁 자산 A의 초과 수익률 5%를 손익으로 환산하면 7,500입니다.

② 종목별 벤치마크 손익 및 벤치마크 초과 손익 계산

종목	손익 ③	BM 손익⑦	BM 손익(+) ⑧ = ③ - ⑦	⑦ 산식 [① × BM수익률]
가	-4,150	4,875.0	-9,025.0	32,500×15% = 4,875
나	1,350	5,377.5	-4,027.5	35,850×15% = 5,377.5
다	3,750	5,685.0	-1,935.0	37,900×15% = 5,685
라	-240	2,730.0	-2,970.0	18,200×15% = 2,730
마	29,290	3,832.5	25,457.5	25,550×15% = 3,832.5
합계	30,000	22,500	7,500	

③ 종목별 초과 성과 기여도 분석

종목	RT ④	손익 기준 기여도		BM(+) 손익 기준 기여도	
		손익 ③	기여도	손익 ⑧	기여도
가	-12.77%	-4,150	-13.8%	-9,025.0	-120.3%
나	3.77%	1,350	4.5%	-4,027.5	-53.7%
다	9.89%	3,750	12.5%	-1,935.0	-25.8%
라	-1.32%	-240	-0.8%	-2,970.0	-39.6%
마	114.64%	29,290	97.6%	25,457.5	339.4%
합계	20%	30,000	100%	7,500	100%

④ 성과 분석 결과

- 종목_마의 성과는 손익 기여 97.6%, 초과 성과 기여 339.4%를 달성하였고, 종목_마를 제외한 종목은 손익 기여 2.4%, 초과 성과 기여 -239.4%를 달성하였습니다.

종목명	수량	손익 기준		BM(+) 손익 기준	
		손익 ③	기여도	손익 ⑧	기여도
종목_마	1	29,290	97.6%	25,457.5	339.4%
종목_마 제외	4	710	2.4%	-17,957.5	-239.4%
합계	5	30,000	100.0%	7,500	100.0%

위탁 운용 담당자의 Check Point

운용 성과 분석 그 자체는 숫자의 나열에 불과할 수 있으므로, 위탁 운용 담당자는 위탁 운용 전략 수립, 과거 인터뷰 자료 등을 참고하여 다음의 사항을 점검하여야 합니다.

① 운용 결과는 Plan 단계에서 의도한 범위에서 운용되었는가?
② 운용 결과는 인터뷰 등 모니터링 과정에서 파악한 투자 과정 등과 일관성이 있는가?
③ 투자 종목의 보유 기간, 유동성, 가치 분석(Valuation) 등은 초과 성과에 차별화된 영향력이 있는가?
④ 종목_마와 같이 특정 종목의 손익 기여도가 높은 경우, 어떻게 해석할 것인가?

⑤ 위탁 자산 A의 운용 결과는 기대하는 위탁 운용 전략과 부합하고 있으며, 위탁 운용 전략의 개선할 여지는 무엇인가?

[성과 분석 흐름도]

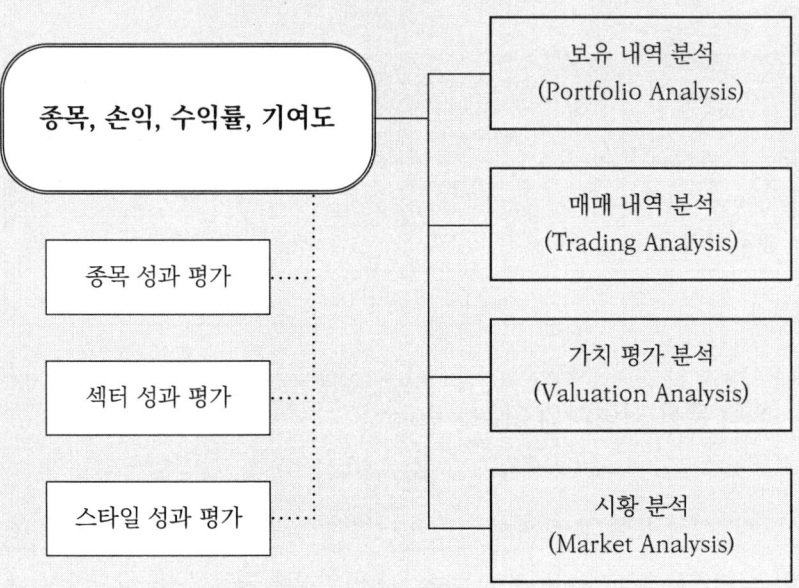

[참조] BHB Model와 투자 손익 상대 비교를 이용한 성과 분석 비교

구분	BHB Model(Brinson-Hood-Beebower Model)	투자 손익의 상대 비교를 이용한 성과 분석
변수	기여도= 종목, 수익률, 보유 비중	기여도= 종목, 수익률, 손익
가정	· Buy and Hold 가정 · 종목과 벤치마크 편입 종목은 1:1 가정함으로 미 보유 종목도 성과 평가 실시 · 배분 효과, 선정 효과, 상호 효과로 구분하여 분석 	BM 대비 수익률	BM 대비 보유비중	
	Rw 〉 BMw	Rw 〈 BMw
Ri 〉 BMi	+ 기여도	− 기여도
Ri 〈 BMi	− 기여도	+ 기여도		· Buy and Hold 가정 없음 · 종목과 벤치마크 편입 종목은 1:1 가정하지 않고, 보유한 종목만 성과 평가 · 투자 종목이 벤치마크 수익률만큼 달성하였다고 가정했을 때의 투자 손익(= 손익 분기점(BEP) 손익)으로 가정하여 벤치마크 대비 초과 성과의 기여도 분석
장점	· 계산이 간편 · 데이터의 용량이 크지 않음	· 분석 단위를 업종/스타일, 그리고 종목까지 적용 가능 · 배당금, 처분 손익, 평가손익 등 손익 원천 파악 가능 · 보유한 종목의 손익을 기반으로 분석하여 기여도 분석이 간편하고, 장기 운용성과 분석 가능 · 운용 전략과 운용 성과간의 간편한 비교 가능

단점	· 종목과 벤치마크 편입 종목을 1:1 가정으로 업종/스타일 성과 분석은 가능. BUT 종목 단위 분석은 한계 · 위탁자산내 거래가 발생하거나 평가기간이 길어질수록 모형의 설명력은 떨어짐 · 모형의 가정상 설명이 불가한 영역(Interaction Effect)이 존재 → [기여도 합계 ≠ 100%] 가능성 존재 · 성과 원천 분석이 어려움	· 분석 데이터의 완결성이 요구되며, Data 전문가 확보 필수

3.3.3 배당 수익률을 계산하는 방법

배당 수익률이란

배당금이란 기업이 벌어들인 이익을 주주에게 분배하는 것을 의미하며 전체 배당금을 발행 주식 수로 나누면 1주당 배당금이며, 주식 가격 대비 한 주당 배당금의 비율을 배당 수익률입니다.

- 배당 수익률(%) = $\dfrac{주당\ 배당금}{주식\ 가격} \times 100$

배당금	배당금의 수익 인식과 계산
배당금은 ⓐ 배당 기준일에 보유하여야 배당에 대한 권리가 발생하고, ⓑ 정기 배당과 비정기(= 중간) 배당에 따라 배당금을 받을 수 있습니다.	배당금의 수익 인식과 계산은 ⓒ 배당금의 손익 인식은 발생주의를 적용하고, ⓓ 배당 수익률은 시간 가중 수익률 적용합니다.

배당 수익률 계산

배당 기준일 및 중간 배당 등을 고려해야 하는 현실적인 어려움으로 배당 수익률은 다음의 대안을 적용할 수 있습니다.

① 배당금 포함 수익률 계산	종목별 총 손익[6]을 반영한 수익률 배당금 + 처분 손익 + 평가 손익 + 기타
② 배당금 제외 수익률 계산	종목별 배당금을 제외한 손익[7]을 반영한 수익률 처분 손익 + 평가 손익 + 기타
③ 배당 수익률	= ① - ②

---

[6] 수익률 계산식: $\dfrac{P_1 + 배당금}{P_0}$

[7] 수익률 계산식: $\dfrac{P_1}{P_0}$

[예제 3.3.3] 배당 수익률 계산하기

평가 기간 중 종목 I의 총 손익은 2,750원(= 처분 손익 2,000원 + 배당금 750원)입니다.

종목 I의 '배당금을 포함한 총 수익률(①)'은 4.19%이고, '배당금을 제외한 수익률(②)'은 2.94%이며, 배당 수익률(③)은 [① - ②]인 1.25%입니다.

[종목 I의 (일별/누적) 배당 수익률 계산]

구분	평가 금액	배당 금액	매수 금액	매도 금액	배당 포함 수익률(A)[8]		배당 제외 수익률(B)[9]		배당 수익률 (A-B)	
					일별	누적	일별	누적	일별	누적
20X60902	68,000		68,000		0.00%	0.00%	0.00%	0.00%	0.00%	0.00%
20X60903	62,700				-7.79%	-7.79%	-7.79%	-7.79%	0.00%	0.00%
20X60904	68,700				9.57%	1.03%	9.57%	1.03%	0.00%	0.00%
20X60905	66,000				-3.93%	-2.94%	-3.93%	-2.94%	0.00%	0.00%
20X60906	66,000				0.00%	-2.94%	0.00%	-2.94%	0.00%	0.00%
20X60907	65,600				-0.61%	-3.53%	-0.61%	-3.53%	0.00%	0.00%
20X60908	64,600	250			-1.14%	-4.63%	-1.52%	-5.00%	0.37%	0.37%
20X60909	65,100				0.77%	-3.89%	0.77%	-4.26%	0.00%	0.37%

---

8) 수익률 계산식: $\dfrac{P_1 + 배당금}{P_0}$

9) 수익률 계산식: $\dfrac{P_1}{P_0}$

구분	평가 금액	배당 금액	매수 금액	매도 금액	배당 포함 수익률(A)[8]		배당 제외 수익률(B)[9]		배당 수익률 (A-B)	
					일별	누적	일별	누적	일별	누적
20X60910	63,300				-2.76%	-6.55%	-2.76%	-6.91%	0.00%	0.36%
20X60911	63,000				-0.47%	-6.99%	-0.47%	-7.35%	0.00%	0.36%
20X60912	60,600				-3.81%	-10.54%	-3.81%	-10.88%	0.00%	0.34%
20X60913	58,200				-3.96%	-14.08%	-3.96%	-14.41%	0.00%	0.33%
20X60914	56,400				-3.09%	-16.74%	-3.09%	-17.06%	0.00%	0.32%
20X60915	57,000	250			1.51%	-15.48%	1.06%	-16.18%	0.44%	0.69%
20X60916	58,400				2.46%	-13.41%	2.46%	-14.12%	0.00%	0.71%
20X60917	60,900				4.28%	-9.70%	4.28%	-10.44%	0.00%	0.74%
20X60918	65,700				7.88%	-2.58%	7.88%	-3.38%	0.00%	0.80%
20X60919	64,900				-1.22%	-3.77%	-1.22%	-4.56%	0.00%	0.79%
20X60920	65,800				1.39%	-2.43%	1.39%	-3.24%	0.00%	0.80%
20X60921	65,200				-0.91%	-3.32%	-0.91%	-4.12%	0.00%	0.79%
20X60922	64,800	250			-0.23%	-3.55%	-0.61%	-4.71%	0.38%	1.16%
20X60923	64,500				-0.46%	-3.99%	-0.46%	-5.15%	0.00%	1.15%
20X60924	66,400				2.95%	-1.17%	2.95%	-2.35%	0.00%	1.19%
20X60925	66,500				0.15%	-1.02%	0.15%	-2.21%	0.00%	1.19%
20X60926	70,000				5.26%	4.19%	5.26%	2.94%	0.00%	1.25%
20X60927				70,000	0.00%	4.19%	0.00%	2.94%	0.00%	1.25%
20X60928					0.00%	4.19%	0.00%	2.94%	0.00%	1.25%

3.3.4 투자 손익 상대 비교를 이용한 운용 성과 분석 사례

20X8년 초, 투자 기관 A의 투자 담당 임원(CIO) S는 20X7년 모든 위탁 자산의 성과를 검토한 결과 타 위탁 자산 성과와 큰 차이를 보인 XX자산 운용-중소형주형의 성과 분석을 위탁 운용 담당자 M에게 지시하였습니다.

- XX자산 운용 중소형주형: 수익률(Rt): 55.60%, 벤치마크 수익률(BM): 18.74%, 벤치마크 대비 수익률(BM+): 36.86%

M은 성과 분석 보고서를 작성한 후, S에게 보고하기 전 다음과 같은 예상 질문을 작성하였습니다.

※ 성과 분석의 세부 사항은 [예제3.3.4] 성과 분석 보고서(P199 ~ P235) 참조

Q1. 20X7년의 XX자산-중소형주형의 성과는 어떠한가요?

A. 20X7년의 XX자산-중소형주형의 성과는 [성과 분석 보고서 - ① 투자 성과]에서 보여 주고 있습니다.

수익률	-	Rt	55.60%	XX자산- 중소형주의 운용 성과는 • 수익률 55.60%이며, 벤치마크 대비 +36.86%를 달성하였습니다. • 투자 손익 537.34억 원은 벤치마크 대비 +382.99억 원의 초과 손익을 달성하였습니다.
		BM	18.74%	
	=	BM(+)	36.86%	
투자 손익	-	투자 손익	537.34억 원	
		BM 투자 손익	156.53억 원	
	=	초과 투자 손익	382.99억 원	
비고	· RT: 55.60% = 537.34억 원 · BM: 18.74% = 156.53억 원 · BM(+): 36.86% = 382.99억 원				

Q2. 20X7년의 XX자산-중소형주형의 자산군별 성과는 어떠한가요?

A. 성과 분석을 하위 자산군별로 분해하는 과정을 시작하는 질문이며, 자산군별 투자 손익과 수익률은 [성과 분석 보고서 - ③ 자산별 투자 성과]에서 보여 주고 있습니다.

ⓐ 주식	· 수익률(57.22%)은 벤치마크 수익률(18.74%) 대비 38.48%의 초과 성과를 달성. · 주식 투자 손익(539.01억 원) = 배당금(12.36억 원) + 처분 손익(390.48억 원) + 평가 손익(136.17억 원)입니다.
ⓑ 유동 자산	· 수익률(1.00%)은 벤치마크 수익률(18.74%) 대비 -17.74%의 초과 성과를 달성. · 유동 자산의 투자 손익은 이자 수익 0.51억 원입니다.
ⓒ 운용 비용	· 2.18억 원(보수율 40.75bp)입니다.

| 합계(ⓐ + ⓑ + ⓒ) | · 투자 손익은 주식(539.01억 원) + 유동 자산(0.51억 원) + 운용 비용(-2.18억 원) = 537.34억 원입니다. |

Q3. 투자 종목의 보유 내역과 Active Bet은 어떠한가요?

A. 투자 종목의 보유 내역과 종목별 Active Bet은 [성과 분석 보고서 - ④-1 보유 금액과 비중]을 통해 기초/기말/평균의 보유 내역과 Active Bet 현황을 파악할 수 있습니다.

Q4. 종목별 수익률/투자 손익은 무엇입니까?

A. 성과 측정 기간(20X7.01.01 ~ 20X7.12.31), XX자산-중소형주형이 보유하였던 총 203개 종목에 대한 수익률과 투자 손익을 계산한 결과는 [성과 분석 보고서 - ④-2 수익률/투자 손익 및 기여도 분석]에서 확인할 수 있습니다.

Q5. XX자산-중소형주형 20X7년 성과의 기여도가 높은 종목은 무엇입니까?

A. [성과 분석 보고서 - ④-2 수익률/투자 손익 및 기여도 분석 – 손익 비중, BM손익(+) 비중]을 통해 종목별 기여도를 확인할 수 있습니다.

XX자산-중소형주형 운용 성과의 특징은 3개 종목(한미사이언스, 한미약품, 농심)의 손익 및 초과 성과 기여도가 집중되었다는 점입니다.

3개 종목의 수익률(708.28%)은 BM 수익률(18.74%) 대비 +689.54%를 달성하였고, 3개 종목의 투자 손익(413.16억 원)은 주식 전체 손익의 76.66%를 차지하고, BM(+) 손익 대비 102.38%를 차지하였습니다.

[성과 기여 Top 3 종목 성과 분석]

① 보유 분석

종목명	보유 금액(억 원)		보유 비중(%)		ACTIVE BET(%)	
	TO	FROM	TO	FROM	TO	FROM
주식 전체	1,748.8	969.4	100.0	100.0	-	-
소계	274.14	100.78	15.68	10.40	9.99	9.04
한미사이언스	55.10	55.42	3.15	5.72	0.75	5.38
한미약품	52.98	30.94	3.03	3.19	0.61	2.79
농심	166.06	14.42	9.50	1.49	8.63	0.87

② 매매 분석

종목명	RT (%)	BM(+) (%)	TRADING(억 원, %, 일)			
			BUY	SELL	회전율	운용일
주식 전체	57.22	38.48	1,336.5	1,082.0	84.6	365
소계	708.28	18.74	689.54	376.4	119.7	365
한미사이언스	788.68	18.74	769.94	251.96	144.9	365
한미약품	750.76	15.58	735.19	119.38	259.7	305
농심	75.89	18.74	57.15	5.08	52.2	365

③ 손익 분석

종목명	투자 손익(억 원, %)				
	배당금	배당 수익률	처분 손익	평가 손익	소계
주식 전체	12.36	1.89	390.48	136.17	539.01
소계	0.22	1.90	294.38	118.54	413.16
한미사이언스	-	-	215.24	36.12	251.36
한미약품	-	-	78.70	13.56	92.26
농심	0.22	3.00	0.44	68.86	69.54

④ 기여도 분석

종목명	투자 손익(A)	BM 손익(B)	BM 손익(+, A-B)	비중	
				투자 손익	BM 손익 (+)
주식 전체	539.01	151.92	387.09	100.0	100.0
소계	413.16	16.84	396.32	76.66	102.38
한미사이언스	251.36	12.88	238.48	46.64	61.61
한미약품	92.26	6.04	86.22	17.12	22.27
농심	69.54	-2.08	71.62	12.90	18.50

Q6. XX자산-중소형주형 20X7년 성과의 기여도가 높은 규모(=스타일)는 무엇입니까?

A. 규모별 성과 기여도는 [성과 분석 보고서 - ⑤ 규모별 성과 분석]

에 보여 주고 있습니다.

Q7. 20X7년 12월 31일 기준으로 XX자산-중소형주형이 보유한 종목을 전량 시장에 매각한다면, 얼마의 기간이 필요한가요?

A. 위탁 자산의 포트폴리오 특성을 파악하기 위한 질문으로 편입된 종목의 유동성을 확인하기 위한 질문입니다.

기준일 현재 보유한 총 139개 종목의 종목별 거래량을 고려하여 전량 시장에 매각한다면 65영업일이 필요합니다.

참조: [7. 종목별 유동성 분석]

Q8. 20X7년 XX자산-중소형주형의 성과의 결과와 원인을 분석하였습니다. 평가자인 M의 총평은 무엇입니까?

A. 성과 분석의 3단계 중 1, 2단계를 적용하여 달성한 수익률과 손익을 1원 단위로 분해하였고, 종목별/업종별/규모별/자산별 수익률, 손익 그리고 기여도 분석으로 운용 성과의 원인을 밝혀냈습니다.

성과 분석의 1, 2단계를 수행한 이유는 결국 성과 분석의 핵심이며 마지막 질문인 총평을 위한 것이며, 총평은 투자 기관 A의 투자 문화를 기반으로 답변되어야 합니다.

※ XX자산-중소형주형을 선정하여 운용 성과 보고서를 작성한 이유는 다음
  의 질문을 고려하기 위함입니다.

Q1. XX자산-중소형주형의 운용 성과 원인은 무엇인가?

Q2. 평가 기간 중 총 203개의 종목에 투자하여 3개 종목의 운용성과 기여도가 집중된 점은 어떻게 해석할 것인가?

Q3. 위탁 운용 규모가 급속하게 증가하는 환경에서 XX자산-중소형주형의 운용 규모가 현재의 1,758억 원이 아닌 1조 원 이상인 경우에도 3개 종목의 성과 기여도가 높다면 운용 성과를 어떻게 해석할 것인가?

위탁 운용 규모의 증감과 관련 없이 운용 성과의 해석은 다음 2가지로 나누어질 수 있습니다.

① 최종 목표는 오직 운용 성과일 뿐 → 검은 고양이이든 흰 고양이이든 쥐만 잘 잡으면…
 - 사전에 규정된 법률과 규정 등의 테두리 내에서 달성한 운용 성과라면 높을수록 좋습니다.
 - 위탁 운용사가 달성한 운용 성과가 높을수록 투자 기관 A의 전체 성과를 개선할 수 있으므로 운용 성과의 원천이 어떻게 구성되는지의 관심보다는 높은 운용 성과를 달성하는 것이 최고의 목표점이며 위탁 운용을 실행하는 목적이라고 판단할 수 있습니다.
② 평균 회귀(Mean Reversion) 현상을 참고하여 운용 성과와 위험을 같이 고려해야 합니다.
 - 단기에서 장기로 투자 기간을 연장할수록 운용 성과는 평균으로 돌

아가는 평균 회귀 현상이 발생할 수 있습니다.

　- 중소형주형의 위험 허용 범위(예: 최근 1년 중소형주형 BM±15%)를 초과하였다면, 달성한 운용 성과와 함께 부담한 위험 수준도 높다는 것을 의미하므로 운용 성과의 원천을 면밀히 검토하여야 합니다.

　- 초과 성과의 크기가 클수록 그에 상응하는 위험을 부담했다는 의미이므로, 위탁 자산 운용역과의 과거 인터뷰 자료, 투자 전략과 운용 프로세스의 일관성과 변화 추이 등을 종합적으로 검토하여야 합니다.

※ 성과 분석 보고서는 운용 성과의 원인과 기여도를 밝히려는 숫자와 관련 근거의 나열일 뿐이며, 성과 분석의 최종 결론은 투자 기관의 투자 문화에 기반하여 일관성 있게 도출되어야 합니다.

또한 최종 결론은 다음 단계인 Plan과 Do 단계에 반영하고 개선할 수 있는 실마리를 찾는 것이 성과 분석의 궁극적인 목적임을 잊지 말아야 합니다.

[예제 3.3.4] 성과 분석 보고서

① 투자성과

② 자금 집행과 투자 손익

③ 자산별 투자 성과/ 운용 비용

④ 종목별 성과 분석

   ④-1 보유 금액과 비중

   ④-2 수익률/투자 손익 및 기여도 분석

   ④-3 매매 내역, 보유 일수

⑤ 규모별 성과 분석

   ⑤-1 보유 금액과 비중, 매매 내역

   ⑤-2 수익률/투자 손익 및 기여도 분석

⑥ 자산군별 성과 분석

   ⑥-1 보유 금액과 비중, 매매 내역

   ⑥-2 수익률/투자 손익 및 기여도 분석

⑦ 종목별 유동성 분석

[기본 정보]

유형명: 중소형주형	운용사: XX 자산운용	운용자: 이*욱
평가 기간: 20X7.01.01 ~ 20X7.12.31	벤치마크: 대형주 × 10% + 중소형주 × 80% + KOSDAQ100 × 10%	

[① 투자 성과]

구분	수익률	투자 손익
위탁 자산 (RT, A)	55.60%	537.34억 원
벤치마크 (BM, B)	18.74%	156.53억 원
초과 성과 (A-B)	36.86%	382.99억 원

[② 자금 집행과 투자 손익]

구분	평가 금액
NAV(n-1)	980.71억 원
Trading	240.0억 원
NAV(n)	1,758.06억 원
투자 손익	537.34억 원

[③ 자산별 투자 성과]

구분 (억 원, %)	RT	BM(+)	합계	배당/이자[10]	처분 손익	평가 손익
주식	57.22	38.48	539.01	12.36	390.48	136.17
유동 자산	1.00	-17.74	0.51	0.51		
운용 비용	-0.41		-2.18			
Total	55.60	36.86	537.34	12.88	390.48	136.17

[운용 비용]

구분 (억 원, bp)	합계	운용 보수		관리 보수			
		기본 보수	성과 보수	수탁 보수	판매 보수	사무 보수	기타 보수
보수액	2.18	2.49	-0.49	0.07	0.00	0.07	0.04
보수율	40.75	46.58	-9.20	1.37	0.00	1.30	0.71

---

10) 배당/이자: 주식-배당금, 유동 자산-이자 손익임.

[④ 종목별 성과 분석]

[④-1] 보유 금액과 비중

(단위: %, 억 원)

NO	종목명	업종명	규모명	보유 금액			보유 비중 (A)			BM 비중(B)			ACTIVE BET (A-B)		
				TO	AVG	FROM	TO	AVG	FROM	TO	AVG	FRO	TO	AVG	FROM
203	합계			1,748.80	1,430.22	969.38	100.0	100.0	100.0	29.99	26.90	25.98	70.01	73.10	74.02
1	한미사이언스	서비스업	중형주	55.10	87.02	55.42	3.15	6.08	5.72	2.40	1.69	0.34	0.75	4.39	5.38
2	한미약품	의약품	중형주	52.98	38.84	30.94	3.03	2.28	3.19	2.42	1.05	0.40	0.61	1.23	2.79
3	농심	음식료품	중형주	166.06	88.59	14.43	9.50	6.19	1.49	0.87	0.61	0.62	8.63	5.58	0.87
4	한화테크윈	기계	중형주	92.03	59.22	4.92	5.26	4.14	0.51	0.61	0.53	0.51	4.65	3.61	-0.00
5	티씨케이	KOSDAQ	KQ100외	30.51	22.24	11.68	1.74	1.55	1.20				1.74	1.55	1.20
6	삼양홀딩스	서비스업	중형주	2.31	16.94	26.76	0.13	1.18	2.76	0.44	0.40	0.31	-0.31	0.79	2.45
7	한화케미칼	화학	대형주	49.39	31.73		2.82	1.36		0.05	0.02		2.78	1.34	
8	OCI머티리얼즈	KQ100	KQ100	11.05	14.19	20.78	0.63	0.99	2.14	0.14	0.12	0.08	0.49	0.87	2.06
9	코오롱생명과학	KQ100	KQ100		7.83	5.14		0.25	0.53		0.03	0.05		0.23	0.48
10	메리츠화재	보험업	중형주	68.26	43.22	11.57	3.90	3.02	1.19	0.56	0.51	0.53	3.35	2.52	0.66
11	CJCGV	서비스업	중형주	10.77	12.06	7.29	0.62	0.84	0.75	0.87	0.67	0.46	-0.25	0.18	0.29
12	CJE&M	KQ100	KQ100	15.45	16.30		0.88	1.03		0.36	0.29		0.52	0.73	
13	LS	서비스업	중형주	16.10	20.30		0.92	0.52		0.42	0.14		0.50	0.38	
14	다이씨	운수장비	소형주	20.42	16.69	13.63	1.17	1.17	1.41	0.06	0.05	0.05	1.11	1.12	1.36
15	에스케이텔레콤	통신업	대형주		7.06			0.06			0.03			0.03	
16	나스미디어	KOSDAQ	KQ100외	9.61	9.89	0.79	0.55	0.69	0.08				0.55	0.69	0.08
17	S&TC	기계	소형주	14.70	11.37	8.22	0.84	0.80	0.85	0.07	0.05	0.04	0.77	0.74	0.80
18	현대제철	철강 금속	대형주	13.08	6.38		0.75	0.22		0.07	0.04		0.67	0.19	

NO	종목명	업종명	규모명	보유 금액			보유 비중(A)			BM 비중(B)			ACTIVE BET (A-B)		
				TO	AVG	FROM	TO	AVG	FROM	TO	AVG	FRO	TO	AVG	FROM
19	메가스터디교육	KOSDAQ	KQ100 외	5.26	6.48		0.30	0.34					0.30	0.34	
20	S&T홀딩스	서비스업	중형주	22.88	20.87	21.89	1.31	1.46	2.26	0.15	0.13	0.12	1.16	1.33	2.14
21	에코프로	KOSDAQ	KQ100 외	15.05	11.98	13.01	0.86	0.84	1.34				0.86	0.84	1.34
22	한세실업	섬유 의복	중형주	8.40	6.16	0.79	0.48	0.43	0.08	0.69	0.61	0.64	-0.21	-0.18	-0.56
23	기아차	운수 장비	대형주		7.93			0.17			0.07			0.10	
24	오스템임플란트	KQ100	KQ100	7.21	4.87		0.41	0.32		0.13	0.09		0.28	0.23	
25	LG화학	화학	대형주		10.33			0.32			0.09			0.23	
26	셀트리온	KQ100	KQ100		5.27			0.07			0.15			-0.08	
27	롯데케미칼	화학	대형주	3.78	9.63	5.43	0.22	0.67	0.56	0.09	0.09	0.06	0.13	0.59	0.50
28	농심홀딩스	서비스업	중형주	15.39	12.19		0.88	0.40		0.23	0.10		0.65	0.30	
29	현대EP	화학	소형주	10.58	9.30	10.39	0.60	0.65	1.07	0.11	0.09	0.09	0.49	0.56	0.98
30	한국철강	철강 금속	소형주	14.15	15.62	10.80	0.81	1.09	1.11	0.12	0.13	0.11	0.69	0.96	1.01
31	대웅	서비스업	중형주	10.03	12.44	10.42	0.57	0.87	1.08	0.21	0.23	0.21	0.36	0.64	0.86
32	종근당홀딩스	서비스업	소형주	12.26	6.45		0.70	0.13		0.16	0.04		0.54	0.09	
33	대한유화	화학	중형주	7.66	6.74		0.44	0.40		0.36	0.29		0.07	0.11	
34	메디포스트	KQ100	KQ100	0.84	3.93	2.00	0.05	0.13	0.21	0.09	0.03	0.05	-0.04	0.09	0.16
35	에스엘	운수 장비	중형주	8.63	8.50		0.49	0.29		0.19	0.09		0.30	0.20	
36	현대차	운수 장비	대형주		7.33			0.13			0.08			0.04	
37	코리안리	보험업	중형주	28.21	20.47		1.61	0.70		0.55	0.26		1.06	0.43	
38	쇼박스	KQ100	KQ100		6.26			0.40			0.04			0.36	
39	하나투어	서비스업	중형주	3.65	5.96	0.47	0.21	0.42	0.05	0.43	0.47	0.36	-0.23	-0.06	-0.32
40	골프존	KOSDAQ	KQ100 외		1.49			0.07						0.07	
41	메디톡스	KQ100	KQ100	19.73	13.08		1.13	0.29		0.33	0.10		0.79	0.19	
42	한섬	섬유 의복	중형주	6.95	7.21		0.40	0.22		0.32	0.14		0.07	0.08	
43	실리콘웍스	KQ100	KQ100	13.45	7.64		0.77	0.36		0.07	0.05		0.70	0.32	

NO	종목명	업종명	규모명	보유 금액			보유 비중 (A)			BM 비중(B)			ACTIVE BET (A-B)		
				TO	AVG	FROM	TO	AVG	FROM	TO	AVG	FRO	TO	AVG	FROM
44	한국전력	전기 가스업	대형주	12.23	11.74		0.70	0.35		0.35	0.15		0.35	0.21	
45	삼성SDI	전기 전자	대형주	3.73	7.13		0.21	0.14		0.09	0.02		0.13	0.12	
46	종근당	의약품	중형주	4.15	2.76		0.24	0.16		0.29	0.20		-0.06	-0.04	
47	한국 타이어	화학	대형주	4.14	6.11		0.24	0.24		0.06	0.03		0.17	0.21	
48	LG상사	유통업	중형주	27.77	15.64		1.59	0.85		0.43	0.34		1.16	0.51	
49	풍산	철강 금속	중형주	14.48	7.77		0.83	0.23		0.25	0.10		0.58	0.13	
50	나노 신소재	KOSDAQ	KQ100 외		2.21			0.05						0.05	
51	대상	음식료품	중형주	15.80	12.68	2.92	0.90	0.60	0.30	0.36	0.26	0.46	0.54	0.34	-0.16
52	넥센 타이어	화학	중형주	9.08	9.46	5.41	0.52	0.44	0.56	0.39	0.29	0.49	0.13	0.15	0.06
53	현대증권	증권	중형주	7.48	7.06	7.86	0.43	0.32	0.81	0.50	0.36	0.47	-0.07	-0.04	0.34
54	한솔제지	종이 목재	소형주	18.78	18.04		1.07	1.26		0.11	0.09		0.96	1.17	
55	한화 손해보험	보험업	중형주	2.97	2.52		0.17	0.10		0.23	0.12		-0.06	-0.02	
56	신세계 푸드	KQ100	중형주		2.25	0.53		0.15	0.06		0.21	0.17		-0.06	-0.11
57	한온 시스템	기계	대형주	4.12	3.68		0.24	0.06		0.06	0.01		0.17	0.05	
58	S&T 중공업	운수 장비	중형주	3.35	3.22	1.23	0.19	0.23	0.13	0.14	0.13	0.11	0.05	0.09	0.02
59	S-Oil	화학	대형주		6.49	6.50		0.03	0.67		0.00	0.06		0.03	0.61
60	롯데칠성	음식료품	중형주		3.79	5.18		0.03	0.53		0.08	0.74		-0.05	-0.20
61	이건산업	종이 목재	소형주		1.37	1.45		0.02	0.15		0.01	0.05		0.01	0.09
62	파마리서 치프로덕	KOSDAQ	KQ100 외	5.77	5.62		0.33	0.08					0.33	0.08	
63	크루셜텍	KOSDAQ	KQ100 외	1.76	2.46		0.10	0.02					0.10	0.02	
64	코리아오 토글라스	비금속 광물	KS 미분류	2.98	2.76		0.17	0.00					0.17	0.00	
65	서연	서비스업	소형주	1.67	1.86		0.10	0.06		0.09	0.04		0.00	0.02	
66	포스코 켐텍	KQ100	KQ100	1.50	1.42		0.09	0.06		0.09	0.06		-0.01	0.01	

NO	종목명	업종명	규모명	보유 금액			보유 비중 (A)			BM 비중(B)			ACTIVE BET (A-B)		
				TO	AVG	FROM	TO	AVG	FROM	TO	AVG	FRO	TO	AVG	FROM
67	현대홈쇼핑	유통업	중형주	5.37	6.17		0.31	0.19		0.45	0.21		-0.14	-0.02	
68	비아트론	KOSDAQ	KQ100외	0.77	0.45		0.04	0.01					0.04	0.01	
69	주성엔지니어링	KOSDAQ	KQ100외	1.14	0.96		0.07	0.01					0.07	0.01	
70	송원산업	화학	소형주		1.00			0.06			0.07			-0.01	
71	한양증권	증권	소형주		1.32	1.94		0.03	0.20		0.01	0.04		0.02	0.16
72	무림P&P	종이 목재	소형주	2.64	2.65	2.31	0.15	0.19	0.24	0.10	0.10	0.10	0.05	0.08	0.14
73	GS리테일	유통업	대형주		5.33	10.50		0.05	1.08		0.00	0.02		0.05	1.06
74	한국타이어월드와	서비스업	대형주	2.91	3.75		0.17	0.15		0.02	0.01		0.15	0.14	
75	이라이콤	KOSDAQ	KQ100외		0.65	0.65		0.00	0.07					0.00	0.07
76	SKC&C	서비스업	대형주		2.53	2.98		0.02	0.31		0.01	0.12		0.01	0.19
77	에스앤에스텍	KOSDAQ	KQ100외	1.04	0.69		0.06	0.00					0.06	0.00	
78	대웅제약	의약품	중형주	3.48	5.91	8.63	0.20	0.41	0.89	0.27	0.29	0.31	-0.07	0.12	0.58
79	두산인프라코어	기계	대형주		1.54			0.02			0.00			0.02	
80	KCC	화학	대형주		4.43	4.86		0.03	0.50		0.01	0.06		0.02	0.44
81	캐스텍코리아	KOSDAQ	KQ100외		1.35	1.41		0.02	0.15					0.02	0.15
82	LG하우시스	화학	중형주		4.11	4.86		0.03	0.50		0.06	0.58		-0.02	-0.08
83	동국제강	철강 금속	중형주	1.59	6.44		0.09	0.22		0.18	0.10		-0.09	0.12	
84	카프로	화학	소형주		0.63			0.00			0.00			-0.00	
85	대신증권	증권	중형주		2.13	2.83		0.03	0.29		0.04	0.19		-0.00	0.10
86	한국제지	종이 목재	소형주	1.22	1.27		0.07	0.04		0.06	0.02		0.01	0.01	
87	아이원스	KOSDAQ	KQ100외	0.23	0.20		0.01	0.00					0.01	0.00	
88	예림당	KOSDAQ	KQ100외		0.61	0.83		0.00	0.09					0.00	0.09
89	대신증권우	증권	KS미분류		0.37	0.52		0.01	0.05					0.01	0.05
90	현대미포조선	운수 장비	대형주		0.95	0.97		0.01	0.10		0.00	0.02		0.00	0.08

NO	종목명	업종명	규모명	보유 금액			보유 비중 (A)			BM 비중(B)			ACTIVE BET (A-B)		
				TO	AVG	FROM	TO	AVG	FROM	TO	AVG	FRO	TO	AVG	FROM
91	동양생명	보험업	중형주		0.22	0.29		0.00	0.03		0.01	0.46		-0.01	-0.44
92	인터로조	KOSDAQ	KQ100 외	0.55	0.53		0.03	0.00					0.03	0.00	
93	에이티세미콘	KOSDAQ	KQ100 외		0.15	0.15		0.00	0.02						0.02
94	삼양사	음식료품	소형주		0.12			0.00			0.00			-0.00	
95	CJ오쇼핑	KQ100	KQ100	4.33	4.32		0.25	0.05		0.14	0.02		0.11	0.03	
96	한라홀딩스	서비스업	중형주	1.39	1.23		0.08	0.00		0.23	0.01		-0.15	-0.01	
97	교보증권	증권	중형주		0.10			0.00			0.02			-0.02	
98	넥센	서비스업	중형주	1.29	1.46		0.07	0.04		0.13	0.06		-0.05	-0.01	
99	삼본정밀전자	KOSDAQ	KQ100 외		0.04			0.00						0.00	
100	삼보모터스	KOSDAQ	KQ100 외		0.16	0.17		0.00	0.02					0.00	0.02
101	기신정기	기계	소형주		0.19	0.27		0.00	0.03		0.01	0.09		-0.01	-0.06
102	케이씨텍	의료 정밀	소형주	0.40	0.38		0.02	0.01		0.12	0.04		-0.10	-0.03	
103	빙그레	음식료품	중형주		0.32	0.44		0.00	0.05		0.01	0.30		-0.00	-0.25
104	삼성중공업	운수 장비	대형주		2.82			0.01			0.00			0.01	
105	녹십자	의약품	중형주	8.16	6.90		0.47	0.08		0.69	0.13		-0.23	-0.04	
106	대교	서비스업	중형주	3.32	3.70		0.19	0.11		0.24	0.11		-0.06	0.00	
107	현대해상	보험업	대형주		2.38	2.39		0.06	0.25		0.01	0.03		0.05	0.22
108	코오롱인더	화학	중형주		1.30	1.54		0.01	0.16		0.04	0.49		-0.03	-0.33
109	엘엠에스	KOSDAQ	KQ100 외		0.51			0.00						0.00	
110	제이콘텐트리	KQ100	KQ100		1.80	3.65		0.01	0.38		0.00	0.03		0.01	0.34
111	JB금융지주	금융업	중형주	0.23	0.51		0.01	0.02		0.28	0.16		-0.26	-0.14	
112	원익머트리얼즈	KQ100	KQ100		1.97	2.69		0.03	0.28		0.01	0.04		0.02	0.24
113	영원무역	유통업	중형주		1.73	2.10		0.01	0.22		0.09	0.94		-0.07	-0.73
114	지역난방공사	전기 가스업	중형주		1.30	1.71		0.02	0.18		0.03	0.26		-0.02	-0.09

NO	종목명	업종명	규모명	보유 금액			보유 비중 (A)			BM 비중(B)			ACTIVE BET (A-B)		
				TO	AVG	FROM	TO	AVG	FROM	TO	AVG	FRO	TO	AVG	FROM
115	OCI	화학	대형주	1.60	1.68		0.09	0.02		0.02	0.00		0.07	0.02	
116	삼성에스디에스	서비스업	KS 미분류		1.06	1.19		0.01	0.12					0.01	0.12
117	대한제당	음식료품	소형주		1.36	1.87		0.03	0.19		0.02	0.08		0.01	0.12
118	현대상사	유통업	중형주		1.19	1.55		0.02	0.16		0.06	0.27		-0.03	-0.11
119	DGB 금융지주	금융업	중형주	9.32	7.01	0.55	0.53	0.35	0.06	0.55	0.43	0.61	-0.02	-0.07	-0.55
120	신세계	유통업	중형주		4.85			0.14			0.31			-0.17	
121	현대비앤지스틸	철강 금속	소형주		0.80	1.31		0.01	0.14		0.01	0.10		-0.00	0.03
122	한진해운	운수 창고업			1.09	1.72		0.02	0.18		0.16	0.59		-0.13	-0.42
123	NEW	KOSDAQ	KQ100 외		2.46			0.03						0.03	
124	동운아나텍	KOSDAQ	KQ100 외	3.46	3.71		0.20	0.13					0.20	0.13	
125	현대엘리베이	기계	중형주	2.14	5.17		0.12	0.12		0.48	0.15		-0.36	-0.03	
126	BS 금융지주	금융업	대형주		3.70	4.54		0.02	0.47		0.00	0.04		0.02	0.43
127	스카이라이프	서비스업	중형주	0.80	1.16		0.05	0.03		0.27	0.12		-0.22	-0.09	
128	유비쿼스	KOSDAQ	KQ100 외	5.10	4.26		0.29	0.20					0.29	0.20	
129	예스24	KOSDAQ	KQ100 외	1.42	1.67		0.08	0.05					0.08	0.05	
130	롯데하이마트	유통업	중형주		2.31			0.09			0.26			-0.17	
131	휴스틸	철강 금속	소형주	0.97	1.52	1.58	0.06	0.11	0.16	0.03	0.04	0.05	0.02	0.06	0.11
132	LS산전	전기 전자	중형주	16.53	12.41		0.95	0.48		0.45	0.26		0.50	0.22	
133	한국정보인증	KOSDAQ	KQ100 외	1.91	2.52		0.11	0.06					0.11	0.06	
134	율촌화학	화학	중형주	4.85	5.23	5.18	0.28	0.37	0.53	0.10	0.10	0.12	0.18	0.27	0.42
135	아세아	서비스업	중형주	0.66	1.12	2.02	0.04	0.08	0.21	0.07	0.10	0.13	-0.03	-0.02	0.08
136	이엠코리아	KOSDAQ	KQ100 외	2.40	3.84	7.26	0.14	0.27	0.75				0.14	0.27	0.75

NO	종목명	업종명	규모명	보유 금액			보유 비중 (A)			BM 비중(B)			ACTIVE BET (A-B)		
				TO	AVG	FROM	TO	AVG	FROM	TO	AVG	FRO	TO	AVG	FROM
137	한솔로지스틱스	운수창고업	소형주		1.56			0.05			0.03			0.03	
138	제닉	KOSDAQ	KQ100외	6.52	7.24		0.37	0.41					0.37	0.41	
139	LIG손해보험	보험업	중형주		1.92	3.47		0.03	0.36		0.12	0.66		-0.09	-0.30
140	인터파크홀딩스	KQ100	KQ100	0.25	6.35		0.01	0.13		0.08	0.02		-0.06	0.10	
141	예스코	전기가스업	소형주	7.87	8.31	8.01	0.45	0.58	0.83	0.07	0.07	0.09	0.38	0.51	0.74
142	태영건설	건설업	중형주	8.35	9.14	6.05	0.47	0.64	0.62	0.13	0.15	0.15	0.34	0.49	0.47
143	백산	화학	소형주	6.34	7.04	7.43	0.36	0.49	0.77	0.04	0.04	0.04	0.33	0.45	0.72
144	SKC	화학	중형주	15.28	6.90	0.80	0.87	0.36	0.08	0.40	0.33	0.39	0.47	0.04	-0.31
145	SBS콘텐츠허브	KQ100	KQ100	6.01	5.97	5.17	0.34	0.42	0.53	0.04	0.04	0.05	0.31	0.38	0.49
146	SIMPAC	기계	소형주	9.94	12.57	9.76	0.57	0.88	1.01	0.05	0.06	0.06	0.52	0.81	0.95
147	텍셀네트컴	KOSDAQ	KQ100외	2.33	2.67		0.13	0.16					0.13	0.16	
148	한화	화학	대형주	4.51	5.84		0.26	0.21		0.03	0.02		0.23	0.19	
149	우진	의료 정밀	소형주	3.22	3.46	4.41	0.18	0.24	0.45	0.04	0.04	0.06	0.14	0.20	0.39
150	SBS	서비스업	중형주	28.52	25.76	8.52	1.63	1.80	0.88	0.21	0.22	0.22	1.42	1.58	0.66
151	키움증권	증권	중형주	15.34	12.71	2.33	0.88	0.89	0.24	0.45	0.46	0.41	0.43	0.42	-0.17
152	NICE	서비스업	중형주	5.52	6.24		0.32	0.13		0.27	0.09		0.05	0.04	
153	한국토지신탁	KQ100	KQ100	20.84	6.92		1.19	0.30		0.08	0.06		1.11	0.24	
154	대한해운	운수창고업	중형주	8.73	3.75	1.81	0.50	0.26	0.19	0.15	0.18	0.23	0.35	0.09	-0.04
155	카카오	KQ100	KQ100	6.73	5.44	5.39	0.38	0.38	0.56	0.80	0.86	1.06	-0.42	-0.48	-0.51
156	대우조선해양	운수 장비	대형주		2.93	1.95		0.03	0.20		0.00	0.04		0.02	0.16
157	아주캐피탈	금융업	중형주	11.96	12.87	12.70	0.68	0.90	1.31	0.12	0.12	0.15	0.56	0.78	1.16
158	NH투자증권	증권	대형주		7.41	14.13		0.38	1.46		0.81	0.82		-0.43	0.64
159	파인디지털	KOSDAQ	KQ100외	3.34	4.27	4.46	0.19	0.30	0.46				0.19	0.30	0.46

NO	종목명	업종명	규모명	보유 금액			보유 비중 (A)			BM 비중(B)			ACTIVE BET (A-B)		
				TO	AVG	FROM	TO	AVG	FROM	TO	AVG	FRO	TO	AVG	FROM
160	GS홈쇼핑	KQ100	KQ100	3.14	4.61		0.18	0.30		0.13	0.14		0.05	0.15	
161	한솔홀딩스	종이 목재	소형주	5.11	4.52	3.24	0.29	0.32	0.33	0.09	0.09	0.19	0.21	0.23	0.15
162	신세계 I&C	서비스업	소형주	11.91	18.92	18.47	0.68	1.32	1.91	0.05	0.07	0.08	0.63	1.25	1.83
163	세아베스틸	철강 금속	중형주	6.05	6.79	3.10	0.35	0.47	0.32	0.32	0.40	0.40	0.02	0.08	-0.08
164	조선내화	비금속 광물	중형주	3.71	4.69	5.26	0.21	0.33	0.54	0.11	0.14	0.18	0.10	0.19	0.36
165	NAVER	서비스업	대형주		11.90			0.23			0.06			0.17	
166	동일산업	철강 금속	소형주	4.24	7.07	7.52	0.24	0.49	0.78	0.04	0.05	0.06	0.20	0.44	0.71
167	GS건설	건설업	중형주		6.07	6.59		0.41	0.68		0.60	0.66		-0.19	0.02
168	아시아나항공	운수 창고업	중형주	4.88	4.57		0.28	0.29		0.29	0.37		-0.01	-0.08	
169	고려제강	철강 금속	중형주	8.45	13.93	17.11	0.48	0.97	1.76	0.22	0.29	0.25	0.26	0.68	1.51
170	디엔에프	KOSDAQ	KQ100 외	4.06	5.76	5.85	0.23	0.40	0.60				0.23	0.40	0.60
171	한전기술	서비스업	대형주	35.72	13.98	15.37	2.04	0.68	1.59	0.01	0.01	0.02	2.03	0.67	1.56
172	동국산업	KOSDAQ	KQ100 외	7.53	8.45	10.07	0.43	0.59	1.04				0.43	0.59	1.04
173	골프존유원홀딩스	KQ100	KQ100	0.29	1.01		0.02	0.07		0.04	0.06		-0.02	0.01	
174	유니드	화학	중형주	33.72	36.15	30.94	1.93	2.53	3.19	0.13	0.14	0.15	1.80	2.39	3.04
175	LG이노텍	전기 전자	대형주		9.28	10.31		0.21	1.06		0.27	1.07		-0.06	-0.01
176	대한항공	운수 창고업	대형주		6.29	14.11		0.23	1.46		0.51	1.12		-0.28	0.34
177	SBS미디어홀딩스	서비스업	중형주	10.87	11.05	5.70	0.62	0.77	0.59	0.18	0.20	0.23	0.44	0.58	0.36
178	SK이노베이션	서비스업	대형주		14.69	3.04		0.75	0.31		0.08	0.09		0.68	0.23
179	일진디스플	전기 전자	소형주	6.97	4.41		0.40	0.19		0.05	0.04		0.35	0.15	
180	세아제강	철강 금속	중형주	4.59	6.86	8.13	0.26	0.48	0.84	0.10	0.14	0.19	0.16	0.34	0.65
181	신세계인터내셔날	유통업	중형주	11.67	16.53	21.00	0.67	1.16	2.17	0.24	0.26	0.33	0.43		1.84
182	아이티센	KOSDAQ	KQ100 외	6.06	6.06		0.35	0.34					0.35	0.34	

NO	종목명	업종명	규모명	보유 금액			보유 비중 (A)			BM 비중(B)			ACTIVE BET (A-B)		
				TO	AVG	FROM	TO	AVG	FROM	TO	AVG	FRO	TO	AVG	FROM
183	세원정공	운수 장비	소형주	10.34	12.43	12.15	0.59	0.87	1.25	0.07	0.08	0.10	0.52	0.78	1.15
184	AK홀딩스	서비스업	중형주	14.88	12.83	10.25	0.85	0.90	1.06	0.27	0.36	0.43	0.58	0.53	0.63
185	화천기공	기계	소형주	12.50	15.17	14.93	0.71	1.06	1.54	0.04	0.05	0.06	0.68	1.01	1.48
186	한진칼	서비스업	중형주		9.53	10.16		0.54	1.05		0.41	0.65		0.13	0.40
187	금호타이어	화학	중형주	14.30	14.93		0.82	0.87		0.35	0.33		0.47	0.54	
188	흥아해운	운수 창고업	소형주	11.90	6.63	2.01	0.68	0.46	0.21	0.05	0.07	0.10	0.63	0.39	0.11
189	노루홀딩스	서비스업	중형주	27.58	32.00	32.98	1.58	2.24	3.40	0.11	0.12	0.13	1.47	2.12	3.27
190	NHN엔터테인먼트	서비스업	중형주	5.07	8.08	5.56	0.29	0.56	0.57	0.36	0.38	0.53	-0.07	0.19	0.04
191	제이브이엠	KQ100	KQ100	28.69	25.54	17.52	1.64	1.79	1.81	0.04	0.04	0.06	1.60	1.74	1.75
192	애경유화	화학	소형주	18.83	22.71	23.22	1.08	1.59	2.40	0.06	0.07	0.08	1.02	1.52	2.31
193	E1	유통업	중형주	24.83	27.45	27.81	1.42	1.92	2.87	0.14	0.15	0.19	1.28	1.77	2.68
194	팬오션	운수 창고업	중형주	46.45	37.01		2.66	1.09		0.63	0.31		2.03	0.78	
195	메리츠종금증권	증권	중형주	23.36	15.03		1.34	0.79		0.64	0.54		0.69	0.25	
196	금호석유	화학	대형주	11.36	13.02	7.06	0.65	0.91	0.73	0.02	0.02	0.03	0.63	0.89	0.70
197	씨젠	KQ100	KQ100	15.73	20.92		0.90	0.71		0.11	0.07		0.79	0.65	
198	신라교역	미분류	중형주	17.25	21.12	22.40	0.99	1.48	2.31	0.09	0.10	0.13	0.90	1.37	2.18
199	현대하이스코	철강 금속	중형주		7.71			0.15			0.13			0.02	
200	메가스터디	KQ100	KQ100	5.68	8.76	13.28	0.32	0.61	1.37	0.02	0.03	0.05	0.31	0.58	1.32
201	코라오홀딩스	미분류	KS 미분류	7.70	10.19	9.48	0.44	0.71	0.98				0.44	0.71	0.98
202	SK브로드밴드	KQ100	KQ100		21.06	30.62		0.64	3.16		0.07	0.19		0.57	2.97
203	세방	운수 창고업	중형주	37.09	42.18	42.49	2.12	2.95	4.38	0.11	0.12	0.13	2.01	2.83	4.25

[④-2] 수익률/투자 손익 및 기여도 분석

(단위: %, 억 원)

NO	종목명	업종명	규모명	RT	BM	BM(+)	배당금	배당수익률	처분손익	평가손익	투자손익	BM손익	BM손익(+)	손익비중	BM손익(+)비중
203		합계		57.22	18.74	38.48	12.36	1.89	390.48	136.17	539.01	151.92	387.09	100.0	100.0
1	한미사이언스	서비스업	중형주	788.68	18.74	769.94			215.25	36.12	251.37	12.88	238.49	46.64	61.61
2	한미약품	의약품	중형주	750.76	15.58	735.19			78.70	13.55	92.25	6.04	86.21	17.12	22.27
3	농심	음식료품	중형주	75.89	18.74	57.15	0.23	3.03	0.45	68.86	69.53	-2.09	71.62	12.90	18.50
4	한화테크윈	기계	중형주	42.86	18.74	24.12			1.65	21.38	23.03	2.50	20.53	4.27	5.30
5	티씨케이	KOSDAQ	KQ100 외	217.78	18.74	199.04	0.17	3.91	1.29	21.17	22.62	2.40	20.22	4.20	5.22
6	삼양홀딩스	서비스업	중형주	73.40	18.74	54.67	0.45	2.78	26.32	-2.19	24.57	6.54	18.04	4.56	4.66
7	한화케미칼	화학	대형주	23.35	-6.22	29.57			0.52	11.01	11.53	-2.98	14.51	2.14	3.75
8	OCI머티리얼즈	KQ100	KQ100	131.19	18.74	112.46	0.41	4.80	16.08	0.26	16.75	4.10	12.66	3.11	3.27
9	코오롱생명과학	KQ100	KQ100	261.10	26.00	235.09	0.02	0.92	10.99	-0.15	10.86	1.93	8.93	2.01	2.31
10	메리츠화재	보험업	중형주	31.48	18.74	12.74	0.35	0.00	-0.02	7.77	8.10	-0.16	8.26	1.50	2.13
11	CJCGV	서비스업	중형주	134.05	18.74	115.31	0.05	0.91	4.22	5.79	10.06	1.87	8.20	1.87	2.12
12	CJE&M	KQ100	KQ100	80.70	12.76	67.94			2.53	5.72	8.24	0.51	7.73	1.53	2.00
13	LS	서비스업	중형주	28.54	-5.51	34.05			1.97	4.03	6.00	-0.98	6.98	1.11	1.80
14	디아이씨	운수 장비	소형주	59.50	18.74	40.76			0.45	7.60	8.05	1.35	6.70	1.49	1.73
15	에스케이텔레콤	통신업	대형주	-4.17	8.10	-12.27	0.03	0.40	0.02	0.00	0.05	-6.32	6.37	0.01	1.65
16	나스미디어	KOSDAQ	KQ100 외	102.05	18.74	83.32	0.01	0.45	2.78	4.33	7.12	0.77	6.35	1.32	1.64
17	S&TC	기계	소형주	99.46	18.74	80.72	0.27	5.71	0.16	7.29	7.72	1.51	6.21	1.43	1.60
18	현대제철	철강 금속	대형주	-27.01	-8.28	-18.73			-0.45	-2.06	-2.51	-8.19	5.68	-0.47	1.47
19	메가스터디교육	KOSDAQ	KQ100 외	-8.92	2.79	-11.71			-0.46	-5.72	-6.18	-11.61	5.43	-1.15	1.40
20	S&T홀딩스	서비스업	중형주	59.48	18.74	40.74	0.20	1.36	1.95	6.74	8.89	3.83	5.06	1.65	1.31

NO	종목명	업종명	규모명	RT	BM	BM(+)	배당금	배당수익률	처분손익	평가손익	투자손익	BM손익	BM손익(+)	손익비중	BM손익(+)비중
21	에코프로	KOSDAQ	KQ100 외	66.21	18.74	47.48			0.28	6.51	6.79	2.22	4.57	1.26	1.18
22	한세실업	섬유 의복	중형주	30.66	18.74	11.92	0.00	0.19	1.51	1.93	3.44	-0.72	4.16	0.64	1.08
23	기아차	운수 장비	대형주	26.77	-10.76	37.53			2.59	0.00	2.59	-0.70	3.29	0.48	0.85
24	오스템임플란트	KQ100	KQ100	88.70	17.02	71.68			0.24	3.12	3.36	0.16	3.20	0.62	0.83
25	LG화학	화학	대형주	15.85	-12.75	28.61			1.79	0.00	1.79	-1.35	3.14	0.33	0.81
26	셀트리온	KQ100	KQ100	84.71	15.44	69.27			3.86	0.00	3.86	0.76	3.10	0.72	0.80
27	롯데케미칼	화학	대형주	53.41	18.74	34.68	0.03	0.84	4.13	0.65	4.82	1.87	2.95	0.89	0.76
28	농심홀딩스	서비스업	중형주	23.57	-10.38	33.95				1.71	1.71	-1.13	2.85	0.32	0.74
29	현대EP	화학	소형주	55.66	18.74	36.92	0.15	2.21	1.38	2.96	4.48	1.66	2.82	0.83	0.73
30	한국철강	철강 금속	소형주	42.24	18.74	23.50	0.33	4.01	0.52	3.87	4.73	1.93	2.80	0.88	0.72
31	대웅	서비스업	중형주	26.50	18.74	7.76	0.12	1.38	3.10	1.15	4.37	1.59	2.77	0.81	0.72
32	종근당홀딩스	서비스업	소형주	23.14	-3.00	26.14				2.25	2.25	-0.22	2.48	0.42	0.64
33	대한유화	화학	중형주	88.76	9.16	79.61			0.14	2.54	2.68	0.42	2.26	0.50	0.58
34	메디포스트	KQ100	KQ100	85.91	18.25	67.66			2.24	0.71	2.95	0.94	2.01	0.55	0.52
35	에스엘	운수 장비	중형주	17.19	-7.13	24.32			0.11	1.12	1.23	-0.61	1.84	0.23	0.47
36	현대차	운수 장비	대형주	23.88	-1.12	25.00	0.06	0.88	1.52		1.57	-0.18	1.75	0.29	0.45
37	코리안리	보험업	중형주	1.62	-9.65	11.27				0.36	0.36	-1.35	1.71	0.07	0.44
38	쇼박스	KQ100	KQ100	26.85	14.98	11.87			1.79		1.79	0.21	1.57	0.33	0.41
39	하나투어	서비스업	중형주	46.61	18.74	27.87	0.04	0.81	1.51	0.84	2.40	0.84	1.55	0.44	0.40
40	골프존	KOSDAQ	KQ100 외	208.89	10.36	198.53			0.39		0.39	-1.12	1.51	0.07	0.39
41	메디톡스	KQ100	KQ100	15.02	1.08	13.94	0.05	0.35	-0.05	1.41	1.40	-0.10	1.50	0.26	0.39
42	한섬	섬유 의복	중형주	10.56	-9.64	20.20			0.09	0.60	0.69	-0.80	1.49	0.13	0.39
43	실리콘웍스	KQ100	KQ100	-4.83	-3.11	-1.73			-0.04	0.88	0.84	-0.61	1.45	0.16	0.38
44	한국전력	전기 가스업	대형주	2.10	-9.69	11.79			0.16	0.30	0.46	-0.89	1.35	0.09	0.35
45	삼성SDI	전기 전자	대형주	12.84	-3.00	15.84			0.47	0.34	0.81	-0.37	1.18	0.15	0.30
46	종근당	의약품	중형주	62.88	8.77	54.11				1.39	1.39	0.21	1.17	0.26	0.30

NO	종목명	업종명	규모명	RT	BM	BM(+)	배당금	배당수익률	처분손익	평가손익	투자손익	BM손익	BM손익(+)	손익비중	BM손익(+)비중
47	한국타이어	화학	대형주	13.04	-5.30	18.33			0.34	0.49	0.82	-0.35	1.17	0.15	0.30
48	LG상사	유통업	중형주	-7.38	5.49	-12.87				-0.32	-0.32	-1.43	1.11	-0.06	0.29
49	풍산	철강 금속	중형주	5.07	-9.64	14.71			-0.05	0.62	0.58	-0.45	1.02	0.11	0.26
50	나노신소재	KOSDAQ	KQ100 외	53.99	-1.57	55.55			0.93		0.93	-0.08	1.01	0.17	0.26
51	대상	음식료품	중형주	20.75	-2.62	23.37	0.03	2.69	0.67	-1.04	-0.35	-1.35	1.00	-0.06	0.26
52	넥센타이어	화학	중형주	14.21	-0.14	14.36	0.03	1.15	-0.57	1.04	0.50	-0.46	0.96	0.09	0.25
53	현대증권	증권	중형주	44.60	26.80	17.80	0.06	1.31	2.85	-0.47	2.43	1.49	0.95	0.45	0.24
54	한솔제지	종이 목재	소형주	58.26	18.74	39.52			0.06	1.78	1.84	0.96	0.88	0.34	0.23
55	한화손해보험	보험업	중형주	33.32	-5.34	38.66				0.69	0.69	-0.18	0.88	0.13	0.23
56	신세계푸드	KQ100	중형주	50.72	17.13	33.60	0.00	0.98	1.30	-0.14	1.16	0.35	0.81	0.22	0.21
57	한온시스템	기계	대형주	21.17	-3.03	24.20			-0.00	0.72	0.72	-0.08	0.79	0.13	0.20
58	S&T중공업	운수 장비	중형주	60.10	18.74	41.36	0.01	0.78	0.01	1.22	1.25	0.48	0.77	0.23	0.20
59	S-Oil	화학	대형주	13.67	2.16	11.51			1.53	-0.64	0.89	0.15	0.74	0.16	0.19
60	롯데칠성	음식료품	중형주	17.05	5.35	11.70	0.02	0.00	0.08	0.58	0.68	0.20	0.48	0.13	0.12
61	이건산업	종이 목재	소형주	46.38	9.69	36.69	0.01	1.39	0.94	-0.42	0.54	0.13	0.41	0.10	0.11
62	파마리서치프로덕	KOSDAQ	KQ100 외	2.03	-3.63	5.67				0.11	0.11	-0.22	0.34	0.02	0.09
63	크루셜텍	KOSDAQ	KQ100 외	19.82	0.52	19.30			0.10	0.22	0.32	-0.01	0.33	0.06	0.08
64	코리아오토글라스	비금속 광물	KS 미분류	14.31	2.43	11.88				0.37	0.37	0.06	0.31	0.07	0.08
65	서연	서비스업	소형주	6.01	-9.64	15.65			0.02	0.09	0.11	-0.17	0.28	0.02	0.07
66	포스코켐텍	KQ100	KQ100	9.31	-1.75	11.06			-0.00	0.23	0.22	-0.06	0.28	0.04	0.07
67	현대홈쇼핑	유통업	중형주	-7.35	-9.64	2.29			0.03	-0.42	-0.39	-0.67	0.28	-0.07	0.07
68	비아트론	KOSDAQ	KQ100 외	73.30	-1.34	74.64				0.27	0.27	-0.01	0.28	0.05	0.07

NO	종목명	업종명	규모명	RT	BM	BM(+)	배당금	배당수익률	처분손익	평가손익	투자손익	BM손익	BM손익(+)	손익비중	BM손익(+)비중
69	주성엔지니어링	KOSDAQ	KQ100외	27.56	-2.67	30.23				0.23	0.23	-0.01	0.24	0.04	0.06
70	송원산업	화학	소형주	47.28	10.12	37.15			0.35		0.35	0.11	0.24	0.06	0.06
71	한양증권	증권	소형주	57.80	21.72	36.09	0.10	11.23	0.10	0.26	0.46	0.23	0.22	0.08	0.06
72	무림P&P	종이 목재	소형주	27.83	18.74	9.10	0.10	5.52	-0.06	0.54	0.57	0.37	0.20	0.11	0.05
73	GS리테일	유통업	대형주	23.04	6.23	16.81	0.25	10.29	1.40	-1.16	0.49	0.29	0.19	0.09	0.05
74	한국타이어월드와	서비스업	대형주	-4.33	-4.65	0.32			0.03	-0.08	-0.04	-0.22	0.18	-0.01	0.05
75	이라이콤	KOSDAQ	KQ100외	38.78	5.39	33.38	0.03	0.00	-0.01	0.20	0.21	0.04	0.18	0.04	0.05
76	SKC&C	서비스업	대형주	10.38	4.07	6.31	0.03	0.00	0.13	0.11	0.27	0.09	0.18	0.05	0.05
77	에스앤에스텍	KOSDAQ	KQ100외	37.57	6.27	31.30				0.20	0.20	0.03	0.17	0.04	0.05
78	대웅제약	의약품	중형주	6.54	18.74	-12.20	0.09	1.35	2.33	-0.80	1.62	1.47	0.15	0.30	0.04
79	두산인프라코어	기계	대형주	3.29	1.76	1.53			0.23		0.23	0.09	0.15	0.04	0.04
80	KCC	화학	대형주	5.53	4.92	0.61	0.07	0.00	0.11	0.16	0.34	0.21	0.13	0.06	0.03
81	캐스텍코리아	KOSDAQ	KQ100외	18.85	9.69	9.16	0.03	2.39	-0.14	0.37	0.25	0.13	0.13	0.05	0.03
82	LG하우시스	화학	중형주	7.93	4.32	3.61	0.05	1.31	0.42	-0.15	0.33	0.21	0.12	0.06	0.03
83	동국제강	철강 금속	중형주	-4.24	-11.31	7.07			-0.30	-0.20	-0.50	-0.61	0.11	-0.09	0.03
84	카프로	화학	소형주	10.68	0.01	10.67			0.08		0.08	0.00	0.08	0.01	0.02
85	대신증권	증권	중형주	18.52	12.59	5.93	0.07	5.16	-0.51	0.74	0.30	0.22	0.08	0.06	0.02
86	한국제지	종이 목재	소형주	-2.94	-6.51	3.57			-0.00	-0.04	-0.04	-0.09	0.05	-0.01	0.01
87	아이윈스	KOSDAQ	KQ100외	22.84	-3.01	25.85				0.04	0.04	-0.01	0.05	0.01	0.01
88	예림당	KOSDAQ	KQ100외	3.17	0.02	3.16	0.02	0.00	-0.03	0.06	0.05	0.00	0.05	0.01	0.01
89	대신증권우	증권	KS미분류	46.63	23.31	23.32	0.03	11.12	0.10	-0.02	0.11	0.07	0.04	0.02	0.01
90	현대미포조선	운수 장비	대형주	9.22	4.92	4.30			0.08	0.01	0.09	0.05	0.04	0.02	0.01
91	동양생명	보험업	중형주	-2.01	-0.13	-1.88	0.03		-0.01	0.01	0.02	-0.00	0.02	0.00	0.01
92	인터로조	KOSDAQ	KQ100외	5.62	1.40	4.23				0.03	0.03	0.01	0.02	0.01	0.01

NO	종목명	업종명	규모명	RT	BM	BM(+)	배당금	배당수익률	처분손익	평가손익	투자손익	BM손익(+)	손익비중	BM손익(+)비중
93	에이티세미콘	KOSDAQ	KQ100외	13.44	3.50	9.94			0.07	-0.05	0.02	0.01	0.01	0.00	0.00
94	삼양사	음식료품	소형주	5.61	2.38	3.23			0.01		0.01	0.00	0.00	0.00	0.00
95	CJ오쇼핑	KQ100	KQ100	-1.56	-1.70	0.13				-0.07	-0.07	-0.07	0.00	-0.01	0.00
96	한라홀딩스	서비스업	중형주	3.47	3.25	0.22				0.06	0.06	0.06	0.00	0.01	0.00
97	교보증권	증권	중형주	-3.70	-0.85	-2.85			-0.00		-0.00	-0.00	-0.00	-0.00	-0.00
98	넥센	서비스업	중형주	-10.16	-9.64	-0.52			-0.01	-0.15	-0.15	-0.15	-0.00	-0.03	-0.00
99	삼본정밀전자	KOSDAQ	KQ100외	-4.54	2.76	-7.30			-0.00		-0.00	0.00	0.00	-0.00	-0.00
100	삼보모터스	KOSDAQ	KQ100외	-2.71	4.27	-6.98			-0.02	0.01	-0.00	0.01	-0.01	-0.00	-0.00
101	기신정기	기계	소형주	-0.93	9.42	-10.35			0.04	-0.05	-0.00	0.02	-0.02	-0.00	-0.01
102	케이씨텍	의료정밀	소형주	-5.78	-2.40	-3.38				-0.02	-0.00	-0.03	-0.01	-0.00	-0.01
103	빙그레	음식료품	중형주	-8.78	-0.38	-8.40	0.01	0.00	-0.13	0.09	-0.03	-0.00	-0.03	-0.01	-0.01
104	삼성중공업	운수장비	대형주	5.02	3.26	1.76			0.03		0.03	0.09	-0.06	0.00	-0.01
105	녹십자	의약품	중형주	9.62	-4.08	13.70			0.14	-0.32	-0.18	-0.12	-0.06	-0.03	-0.02
106	대교	서비스업	중형주	-10.33	-9.64	-0.69			-0.07	-0.38	-0.45	-0.39	-0.06	-0.09	-0.02
107	현대해상	보험업	대형주	5.18	4.98	0.20	0.07	9.29	-0.55	0.49	0.01	0.08	-0.07	0.00	-0.02
108	코오롱인더	화학	중형주	-3.73	4.92	-8.64	0.02	0.00	-0.52	0.48	-0.02	0.06	-0.08	-0.00	-0.02
109	엘엠에스	KOSDAQ	KQ100외	-5.40	12.53	-17.94			-0.03		-0.03	0.06	-0.09	-0.01	-0.02
110	제이콘텐트리	KQ100	KQ100	2.99	5.35	-2.36			-1.26	1.24	-0.01	0.08	-0.09	-0.00	-0.02
111	JB금융지주	금융업	중형주	-21.38	-4.75	-16.63			-0.06	-0.06	-0.12	-0.03	-0.10	-0.02	-0.02
112	원익머트리얼즈	KQ100	KQ100	-0.67	7.78	-8.45			0.27	-0.20	0.07	0.18	-0.11	0.00	-0.03
113	영원무역	유통업	중형주	-2.71	4.32	-7.02	0.01	0.00	0.30	-0.33	-0.02	0.09	-0.11	-0.00	-0.03
114	지역난방공사	전기가스업	중형주	6.93	9.64	-2.71	0.06	8.53	-0.42	0.35	-0.01	0.12	-0.12	-0.00	-0.03
115	OCI	화학	대형주	-10.29	-3.15	-7.14				-0.18	-0.18	-0.05	-0.13	-0.03	-0.03
116	삼성에스디에스	서비스업	KS미분류	-4.94	9.64	-14.58			0.36	-0.42	-0.06	0.10	-0.15	-0.01	-0.04

NO	종목명	업종명	규모명	RT	BM	BM(+)	배당금	배당수익률	처분손익	평가손익	투자손익	BM손익	BM손익(+)	손익비중	BM손익(+)비중
117	대한제당	음식료품	소형주	31.84	24.26	7.58	0.04	2.56	0.35	-0.34	0.06	0.23	-0.17	0.01	-0.04
118	현대상사	유통업	중형주	3.54	19.60	-16.06	0.03	2.49	-0.26	0.27	0.03	0.21	-0.18	0.01	-0.05
119	DGB금융지주	금융업	중형주	-25.58	-0.06	-25.52	0.02	0.00	-0.29	-0.99	-1.26	-1.06	-0.20	-0.23	-0.05
120	신세계	유통업	중형주	-5.20	-8.11	2.91			-0.56		-0.56	-0.36	-0.20	-0.10	-0.05
121	현대비앤지스틸	철강 금속	소형주	1.15	9.64	-8.49	0.01	5.26	0.04	-0.19	-0.14	0.07	-0.20	-0.03	-0.05
122	한진해운	운수 창고업		-3.25	15.72	-18.96			-0.11	0.05	-0.05	0.15	-0.21	-0.01	-0.05
123	NEW	KOSDAQ	KQ100 외	3.23	10.55	-7.32			-0.01		-0.01	0.20	-0.22	-0.00	-0.06
124	동운아나텍	KOSDAQ	KQ100 외	-12.10	-7.46	-4.65				-0.52	-0.52	-0.30	-0.23	-0.10	-0.06
125	현대엘리베이	기계	중형주	-9.99	-4.43	-5.56			-0.45	-0.22	-0.67	-0.41	-0.26	-0.12	-0.07
126	BS금융지주	금융업	대형주	-4.71	4.07	-8.78	0.06	0.00	-0.31	0.12	-0.13	0.16	-0.29	-0.02	-0.07
127	스카이라이프	서비스업	중형주	-27.10	-6.51	-20.59			-0.11	-0.30	-0.42	-0.08	-0.33	-0.08	-0.09
128	유비쿼스	KOSDAQ	KQ100 외	0.60	-4.05	4.65				-0.41	-0.41	-0.05	-0.36	-0.08	-0.09
129	예스24	KOSDAQ	KQ100 외	-26.73	-8.14	-18.59				-0.50	-0.50	-0.14	-0.37	-0.09	-0.10
130	롯데하이마트	유통업	중형주	-22.80	-6.49	-16.31			-0.61		-0.61	-0.22	-0.39	-0.11	-0.10
131	휴스틸	철강 금속	소형주	-10.32	18.74	-29.06	0.06	3.29	-0.11	-0.04	-0.09	0.33	-0.41	-0.02	-0.11
132	LS산전	전기 전자	중형주	-10.07	-5.30	-4.77			-0.06	-1.64	-1.70	-1.28	-0.42	-0.32	-0.11
133	한국정보인증	KOSDAQ	KQ100 외	-19.26	0.94	-20.19			0.02	-0.46	-0.44	0.04	-0.48	-0.08	-0.12
134	율촌화학	화학	중형주	6.54	18.74	-12.20	0.22	4.46	-0.04	0.16	0.35	0.92	-0.57	0.06	-0.15
135	아세아	서비스업	중형주	-30.40	18.74	-49.14	0.02	1.12	0.14	-0.50	-0.34	0.27	-0.61	-0.06	-0.16
136	이엠코리아	KOSDAQ	KQ100 외	-1.93	18.74	-20.67			0.28	0.04	0.33	1.02	-0.69	0.06	-0.18
137	한솔로지스틱스	운수 창고업	소형주	-31.44	23.73	-55.18			1.42		1.42	2.13	-0.71	0.26	-0.18
138	제닉	KOSDAQ	KQ100 외	3.21	9.52	-6.31	0.01	0.08	0.04	-0.27	-0.22	0.50	-0.72	-0.04	-0.19

NO	종목명	업종명	규모명	RT	BM	BM(+)	배당금	배당수익률	처분손익	평가손익	투자손익	BM손익	BM손익(+)	손익비중	BM손익(+)비중
139	LIG손해보험	보험업	중형주	-21.95	4.19	-26.14	0.06	2.72	-0.81	0.16	-0.58	0.15	-0.73	-0.11	-0.19
140	인터파크홀딩스	KQ100	KQ100	-14.08	-3.30	-10.77			-1.00	-0.04	-1.04	-0.28	-0.77	-0.19	-0.20
141	예스코	전기가스업	소형주	5.53	18.74	-13.21	0.28	3.73	0.01	0.15	0.44	1.36	-0.92	0.08	-0.24
142	태영건설	건설업	중형주	4.76	18.74	-13.97			0.02	0.25	0.27	1.23	-0.96	0.05	-0.25
143	백산	화학	소형주	5.66	18.74	-13.08	0.10	1.47	-0.15	0.52	0.47	1.44	-0.97	0.09	-0.25
144	SKC	화학	중형주	-4.83	4.29	-9.12	0.02	0.00	0.09	-1.61	-1.50	-0.44	-1.06	-0.28	-0.27
145	SBS콘텐츠허브	KQ100	KQ100	5.73	18.74	-13.00	0.09	1.92	-0.17	-0.07	-0.15	0.92	-1.08	-0.03	-0.28
146	SIMPAC	기계	소형주	10.69	18.74	-8.04	0.15	1.36	0.04	1.01	1.21	2.34	-1.13	0.22	-0.29
147	텍셀네트컴	KOSDAQ	KQ100외	-32.23	8.36	-40.59			-0.03	-0.92	-0.95	0.23	-1.19	-0.18	-0.31
148	한화	화학	대형주	-21.36	-8.28	-13.09			-0.46	-1.23	-1.69	-0.45	-1.24	-0.31	-0.32
149	우진	의료 정밀	소형주	-14.23	18.74	-32.97	0.08	1.82	-0.09	-0.59	-0.60	0.70	-1.30	-0.11	-0.33
150	SBS	서비스업	중형주	18.50	18.74	-0.24				2.44	2.44	3.74	-1.30	0.45	-0.34
151	키움증권	증권	중형주	31.23	18.74	12.49	0.02	0.31	-0.10	0.34	0.26	1.60	-1.33	0.05	-0.34
152	NICE	서비스업	중형주	-21.44	-3.00	-18.44			-0.04	-1.50	-1.54	-0.19	-1.35	-0.29	-0.35
153	한국토지신탁	KQ100	KQ100	-8.99	-4.53	-4.46				-1.46	-1.46	-0.06	-1.40	-0.27	-0.36
154	대한해운	운수창고업	중형주	-20.70	18.74	-39.44			-0.23	-1.67	-1.90	-0.46	-1.44	-0.35	-0.37
155	카카오	KQ100	KQ100	-11.89	18.10	-29.99	0.01	0.12	-1.92	1.34	-0.57	0.88	-1.45	-0.11	-0.38
156	대우조선해양	운수 장비	대형주	-16.65	-0.69	-15.96	0.02	0.00	-1.84	0.01	-1.82	-0.36	-1.46	-0.34	-0.38
157	아주캐피탈	금융업	중형주	5.09	18.74	-13.65	0.59	5.27	0.16	-0.14	0.61	2.18	-1.57	0.11	-0.41
158	NH투자증권	증권	대형주	144.69	22.90	121.80	0.23	2.93	-0.70	1.00	0.53	2.26	-1.72	0.10	-0.45
159	파인디지털	KOSDAQ	KQ100외	-21.00	18.74	-39.74	0.06	1.05	-0.02	-0.94	-0.89	0.89	-1.78	-0.17	-0.46
160	GS홈쇼핑	KQ100	KQ100	-22.53	14.72	-37.25			-0.05	-0.94	-1.00	0.89	-1.89	-0.18	-0.49
161	한솔홀딩스	종이 목재	소형주	-51.46	18.74	-70.20			-0.42	-1.00	-1.42	0.56	-1.98	-0.26	-0.51

NO	종목명	업종명	규모명	RT	BM	BM(+)	배당금	배당수익률	처분손익	평가손익	투자손익	BM손익	BM손익(+)	손익비중	BM손익(+)비중
162	신세계I&C	서비스업	소형주	-11.62	18.74	-30.35	0.16	0.80	4.26	-3.70	0.73	2.72	-2.00	0.13	-0.52
163	세아베스틸	철강 금속	중형주	0.81	18.74	-17.92	0.11	2.15	-0.08	-1.11	-1.08	0.95	-2.02	-0.20	-0.52
164	조선내화	비금속 광물	중형주	-22.15	18.74	-40.89	0.18	2.81	0.07	-1.35	-1.10	0.97	-2.07	-0.20	-0.53
165	NAVER	서비스업	대형주	-7.90	9.14	-17.04			-1.02		-1.02	1.05	-2.07	-0.19	-0.54
166	동일산업	철강 금속	소형주	-12.98	18.74	-31.72	0.11	1.24	0.31	-0.90	-0.48	1.60	-2.08	-0.09	-0.54
167	GS건설	건설업	중형주	-15.88	17.23	-33.12			-2.93	2.10	-0.83	1.37	-2.19	-0.15	-0.57
168	아시아나항공	운수 창고업	중형주	-43.77	13.88	-57.64			-0.38	-1.85	-2.23	0.08	-2.31	-0.41	-0.60
169	고려제강	철강 금속	중형주	8.61	18.74	-10.13	0.12	0.62	4.55	-3.51	1.16	3.51	-2.35	0.21	-0.61
170	디엔에프	KOSDAQ	KQ100외	-24.39	18.74	-43.13			0.06	-1.41	-1.34	1.09	-2.43	-0.25	-0.63
171	한전기술	서비스업	대형주	-30.41	1.31	-31.72	0.17	0.00	-2.53	0.06	-2.30	0.26	-2.56	-0.43	-0.66
172	동국산업	KOSDAQ	KQ100외	-7.37	18.74	-26.10	0.28	2.68	-0.09	-1.02	-0.82	1.74	-2.56	-0.15	-0.66
173	골프존유원홀딩스	KQ100	KQ100	-77.58	18.74	-96.31	0.02	1.62	-0.44	-0.58	-1.00	1.63	-2.63	-0.18	-0.68
174	유니드	화학	중형주	9.23	18.74	-9.51	0.59	1.96		2.26	2.85	5.54	-2.69	0.53	-0.70
175	LG이노텍	전기 전자	대형주	-12.83	23.46	-36.29	0.02	0.20	-2.44	1.65	-0.78	2.01	-2.79	-0.14	-0.72
176	대한항공	운수 창고업	대형주	-15.36	27.52	-42.88			-0.10	-1.05	-1.15	1.67	-2.82	-0.21	-0.73
177	SBS미디어홀딩스	서비스업	중형주	-3.31	18.74	-22.05	0.04	0.29	-0.13	-1.07	-1.16	1.97	-3.13	-0.22	-0.81
178	SK이노베이션	서비스업	대형주	6.62	22.90	-16.28			-0.21	-0.13	-0.34	2.86	-3.20	-0.06	-0.83
179	일진디스플	전기 전자	소형주	-58.98	-6.22	-52.76			-0.12	-3.56	-3.68	-0.40	-3.28	-0.68	-0.85
180	세아제강	철강 금속	중형주	-31.08	18.74	-49.82	0.15	1.26	-0.28	-2.07	-2.19	1.56	-3.75	-0.41	-0.97
181	신세계인터내셔날	유통업	중형주	-9.84	18.74	-28.58	0.11	0.62	2.56	-3.50	-0.83	2.91	-3.75	-0.15	-0.97
182	아이티센	KOSDAQ	KQ100외	-35.53	6.99	-42.52	0.00	0.03		-3.73	-3.73	0.29	-4.02	-0.69	-1.04
183	세원정공	운수 장비	소형주	-14.48	18.74	-33.22	0.05	0.37	0.00	-1.81	-1.75	2.48	-4.23	-0.33	-1.09
184	AK홀딩스	서비스업	중형주	-20.17	18.74	-38.91	0.04	0.33	0.86	-4.22	-3.31	1.54	-4.85	-0.61	-1.25
185	화천기공	기계	소형주	-13.08	18.74	-31.82	0.35	1.92	0.06	-2.26	-1.86	3.08	-4.94	-0.35	-1.28

NO	종목명	업종명	규모명	RT	BM	BM(+)	배당금	배당수익률	처분손익	평가손익	투자손익	BM손익	BM손익(+)	손익비중	BM손익(+)비중
186	한진칼	서비스업	중형주	-28.53	23.22	-51.75	0.02	0.16	-3.10	0.16	-2.92	2.39	-5.31	-0.54	-1.37
187	금호타이어	화학	중형주	-33.29	8.30	-41.59			-1.05	-3.97	-5.02	0.76	-5.78	-0.93	-1.49
188	흥아해운	운수창고업	소형주	-33.24	18.74	-51.98	0.01	0.27	0.18	-6.67	-6.49	-0.65	-5.83	-1.20	-1.51
189	노루홀딩스	서비스업	중형주	-0.92	18.74	-19.65	0.53	2.01	1.37	-2.56	-0.66	5.37	-6.04	-0.12	-1.56
190	NHN엔터테인먼트	서비스업	중형주	-24.39	18.74	-43.13			-2.24	-2.19	-4.43	1.77	-6.20	-0.82	-1.60
191	제이브이엠	KQ100	KQ100	-7.39	18.74	-26.12				-3.05	-3.05	3.56	-6.61	-0.57	-1.71
192	애경유화	화학	소형주	-10.09	18.74	-28.83	0.71	2.60	0.26	-2.93	-1.96	4.83	-6.79	-0.36	-1.75
193	E1	유통업	중형주	-8.39	18.74	-27.13	0.80	2.76		-3.10	-2.30	4.74	-7.04	-0.43	-1.82
194	팬오션	운수창고업	중형주	-15.21	-6.62	-8.59				-10.88	-10.88	-2.64	-8.24	-2.02	-2.13
195	메리츠종금증권	증권	중형주	-42.67	1.98	-44.65				-7.10	-7.10	1.21	-8.31	-1.32	-2.15
196	금호석유	화학	대형주	-31.41	18.74	-50.15	0.13	0.90	-1.56	-5.54	-6.97	1.47	-8.43	-1.29	-2.18
197	씨젠	KQ100	KQ100	-26.12	-9.65	-16.47			-2.32	-9.02	-11.35	-2.58	-8.76	-2.11	-2.26
198	신라교역	미분류	중형주	-20.41	18.74	-39.15	0.32	1.08	-0.16	-4.63	-4.47	4.44	-8.90	-0.83	-2.30
199	현대하이스코	철강 금속	중형주	-9.32	15.01	-24.32						8.97	-8.97		-2.32
200	메가스터디	KQ100	KQ100	-48.94	18.74	-67.68	0.55	1.90	-0.71	5.79	5.63	14.77	-9.14	1.04	-2.36
201	코라오홀딩스	미분류	KS미분류	-47.38	18.74	-66.12	0.08	0.60	-0.56	-7.59	-8.07	1.19	-9.26	-1.50	-2.39
202	SK브로드밴드	KQ100	KQ100	-9.51	24.50	-34.01			3.97	-3.41	0.56	12.19	-11.63	0.10	-3.00
203	세방	운수창고업	중형주	-13.14	18.74	-31.88	0.33	0.63		-5.93	-5.60	8.54	-14.15	-1.04	-3.66

[④-3] 매매 내역, 보유 일수

- 거래 비용

구분	결재 금액	비용(보수율)	
		거래 수수료	세금 등
매수	1,336.46억 원	0.92억 원 (17.16bp)	0.00억 원 (0.00bp)
매도	1,081.95억 원	0.83억 원 (15.4bp)	3.26억 원 (60.90bp)
합계	2,418.41억 원	1.75억 원 (32.70bp)	3.26억 원 (60.90bp)

- 종목별 매매 내역 등

(단위: %, 억 원, 일)

NO	종목명	업종명	규모명	BUY	SELL	회전율	보유 일수
203		합계		1,336.46	1,081.95	84.55	365
1	한미사이언스	서비스업	중형주	0.27	251.95	144.92	365
2	한미약품	의약품	중형주	49.16	119.37	259.65	305
3	농심	음식료품	중형주	87.41	5.08	52.20	365
4	한화테크윈	기계	중형주	71.27	7.20	66.25	365
5	티씨케이	KOSDAQ	KQ100 외		3.62	8.14	365
6	삼양홀딩스	서비스업	중형주		48.58	143.43	365
7	한화케미칼	화학	대형주	42.64	4.78	121.76	224
8	OCI머티리얼즈	KQ100	KQ100	1.06	27.14	99.36	365
9	코오롱생명과학	KQ100	KQ100	3.56	19.54	320.42	168
10	메리츠화재	보험업	중형주	49.20	0.26	57.22	365

NO	종목명	업종명	규모명	BUY	SELL	회전율	보유일수
11	CJCGV	서비스업	중형주	3.17	9.70	53.36	365
12	CJE&M	KQ100	KQ100	13.73	6.52	68.94	329
13	LS	서비스업	중형주	17.54	7.44	166.35	135
14	디아이씨	운수 장비	소형주		1.26	3.77	365
15	에스케이텔레콤	통신업	대형주		6.89	395.53	45
16	나스미디어	KOSDAQ	KQ100 외	6.69	4.98	58.97	365
17	S&TC	기계	소형주		0.97	4.25	365
18	현대제철	철강 금속	대형주	8.92	1.13	156.38	184
19	메가스터디교육	KOSDAQ	KQ100 외		0.45	4.65	275
20	S&T홀딩스	서비스업	중형주		7.71	18.47	365
21	에코프로	KOSDAQ	KQ100 외		4.75	19.84	365
22	한세실업	섬유 의복	중형주	9.99	5.81	128.31	365
23	기아차	운수 장비	대형주	10.30	12.88	472.13	113
24	오스템임플란트	KQ100	KQ100	5.52	1.67	78.14	345
25	LG화학	화학	대형주	15.32	17.11	355.94	161
26	셀트리온	KQ100	KQ100	5.94	9.80	813.86	67
27	롯데케미칼	화학	대형주	5.42	11.85	89.73	365
28	농심홀딩스	서비스업	중형주	13.67		120.42	170
29	현대EP	화학	소형주	0.60	4.74	28.71	365
30	한국철강	철강 금속	소형주		1.05	3.35	365
31	대웅	서비스업	중형주		4.64	18.67	365
32	종근당홀딩스	서비스업	소형주	10.01		269.98	105
33	대한유화	화학	중형주	5.42	0.44	51.35	309
34	메디포스트	KQ100	KQ100	8.89	13.00	611.62	166
35	에스엘	운수 장비	중형주	8.07	0.67	105.95	177
36	현대차	운수 장비	대형주	7.62	9.13	473.80	88
37	코리안리	보험업	중형주	27.85		139.44	178

NO	종목명	업종명	규모명	BUY	SELL	회전율	보유일수
38	쇼박스	KQ100	KQ100	5.96	7.74	120.55	331
39	하나투어	서비스업	중형주	5.12	4.29	78.94	365
40	골프존	KOSDAQ	KQ100 외		1.68	81.70	252
41	메디톡스	KQ100	KQ100	19.05	0.67	237.10	116
42	한섬	섬유 의복	중형주	8.00	1.74	157.00	157
43	실리콘웍스	KQ100	KQ100	13.31	0.70	134.37	249
44	한국전력	전기 가스업	대형주	16.86	5.10	218.89	156
45	삼성SDI	전기 전자	대형주	11.20	8.29	475.08	105
46	종근당	의약품	중형주	2.77		61.67	297
47	한국타이어	화학	대형주	7.32	4.00	166.62	203
48	LG상사	유통업	중형주	28.08		115.80	283
49	풍산	철강 금속	중형주	15.03	1.12	241.80	157
50	나노신소재	KOSDAQ	KQ100 외	1.51	2.44	298.95	109
51	대상	음식료품	중형주	21.79	8.54	176.79	247
52	넥센타이어	화학	중형주	10.61	7.41	144.35	241
53	현대증권	증권	중형주	9.22	11.97	234.99	233
54	한솔제지	종이 목재	소형주	15.96	1.03	47.22	364
55	한화손해보험	보험업	중형주	2.28		75.96	217
56	신세계푸드	KQ100	중형주	2.10	3.79	134.72	355
57	한온시스템	기계	대형주	3.57	0.18	202.22	92
58	S&T중공업	운수 장비	중형주	1.21	0.32	23.68	365
59	S-Oil	화학	대형주		7.38	830.01	25
60	롯데칠성	음식료품	중형주		5.85	686.42	41
61	이건산업	종이 목재	소형주		1.97	419.05	63
62	파마리서치프로덕	KOSDAQ	KQ100 외	5.65		258.35	71
63	크루셜텍	KOSDAQ	KQ100 외	2.40	0.96	542.85	46

NO	종목명	업종명	규모명	BUY	SELL	회전율	보유일수
64	코리아오토글라스	비금속 광물	KS미분류	2.61		5,763.24	3
65	서연	서비스업	소형주	1.87	0.31	136.11	157
66	포스코켐텍	KQ100	KQ100	1.46	0.18	89.90	235
67	현대홈쇼핑	유통업	중형주	7.27	1.51	165.63	157
68	비아트론	KOSDAQ	KQ100 외	0.64	0.14	291.40	108
69	주성엔지니어링	KOSDAQ	KQ100 외	0.91		306.73	56
70	송원산업	화학	소형주	0.94	1.29	122.33	332
71	한양증권	증권	소형주		2.30	312.36	102
72	무림P&P	종이 목재	소형주		0.15	2.82	365
73	GS리테일	유통업	대형주		10.74	798.61	46
74	한국타이어월드와	서비스업	대형주	4.40	1.45	139.40	204
75	이라이콤	KOSDAQ	KQ100 외		0.84	656.36	36
76	SKC&C	서비스업	대형주		3.22	726.86	32
77	에스앤에스텍	KOSDAQ	KQ100 외	0.84		1,308.65	17
78	대웅제약	의약품	중형주		6.68	56.55	365
79	두산인프라코어	기계	대형주	2.46	2.70	886.50	69
80	KCC	화학	대형주		5.13	621.59	34
81	캐스텍코리아	KOSDAQ	KQ100 외		1.64	352.49	63
82	LG하우시스	화학	중형주		5.13	568.98	40
83	동국제강	철강 금속	중형주	8.44	6.35	234.10	179
84	카프로	화학	소형주	0.75	0.83	11,514.37	4
85	대신증권	증권	중형주		3.05	334.72	78
86	한국제지	종이 목재	소형주	1.34	0.08	136.14	150
87	아이원스	KOSDAQ	KQ100 외	0.19		222.70	77
88	예림당	KOSDAQ	KQ100 외		0.86	5,167.19	5

NO	종목명	업종명	규모명	BUY	SELL	회전율	보유일수
89	대신증권우	증권	KS미분류		0.60	286.38	105
90	현대미포조선	운수 장비	대형주		1.05	598.14	34
91	동양생명	보험업	중형주		0.28	3,291.35	7
92	인터로조	KOSDAQ	KQ100 외	0.52		2,239.38	8
93	에이티세미콘	KOSDAQ	KQ100 외		0.17	769.20	27
94	삼양사	음식료품	소형주	0.13	0.13	4,881.36	8
95	CJ오쇼핑	KQ100	KQ100	4.40		309.90	60
96	한라홀딩스	서비스업	중형주	1.33		939.52	21
97	교보증권	증권	중형주	0.10	0.10	547.32	68
98	넥센	서비스업	중형주	1.69	0.24	152.96	157
99	삼본정밀전자	KOSDAQ	KQ100 외	0.05	0.05	3,401.48	13
100	삼보모터스	KOSDAQ	KQ100 외		0.16	565.16	33
101	기신정기	기계	소형주		0.26	419.69	60
102	케이씨텍	의료 정밀	소형주	0.45	0.02	203.27	112
103	빙그레	음식료품	중형주		0.40	3,771.10	6
104	삼성중공업	운수 장비	대형주	6.06	6.09	4,912.87	16
105	녹십자	의약품	중형주	9.33	0.99	433.02	63
106	대교	서비스업	중형주	4.68	0.91	175.90	157
107	현대해상	보험업	대형주	3.01	5.34	533.19	120
108	코오롱인더	화학	중형주		1.50	618.12	34
109	엘엠에스	KOSDAQ	KQ100 외	0.53	0.50	816.61	45
110	제이콘텐트리	KQ100	KQ100		3.64	897.73	41
111	JB금융지주	금융업	중형주	0.70	0.35	163.02	227
112	원익머트리얼즈	KQ100	KQ100		2.77	371.05	69
113	영원무역	유통업	중형주		2.07	547.24	40
114	지역난방공사	전기 가스업	중형주		1.63	376.08	61
115	OCI	화학	대형주	1.79		303.13	64

NO	종목명	업종명	규모명	BUY	SELL	회전율	보유일수
116	삼성에스디에스	서비스업	KS미분류		1.13	318.59	61
117	대한제당	음식료품	소형주		1.89	238.98	106
118	현대상사	유통업	중형주		1.56	244.67	98
119	DGB금융지주	금융업	중형주	13.40	3.36	167.21	261
120	신세계	유통업	중형주	6.34	5.78	310.56	147
121	현대비앤지스틸	철강 금속	소형주		1.16	433.63	61
122	한진해운	운수 창고업		1.01	2.68	612.26	101
123	NEW	KOSDAQ	KQ100 외	2.88	2.87	805.24	53
124	동운아나텍	KOSDAQ	KQ100 외	3.99		105.99	185
125	현대엘리베이	기계	중형주	7.10	4.29	326.98	123
126	BS금융지주	금융업	대형주		4.35	670.70	32
127	스카이라이프	서비스업	중형주	1.77	0.56	244.71	150
128	유비쿼스	KOSDAQ	KQ100 외	5.51		95.66	247
129	예스24	KOSDAQ	KQ100 외	1.92		148.28	142
130	롯데하이마트	유통업	중형주	3.12	2.51	231.82	192
131	휴스틸	철강 금속	소형주		0.45	14.90	365
132	LS산전	전기 전자	중형주	19.05	0.82	143.89	203
133	한국정보인증	KOSDAQ	KQ100 외	2.50	0.16	167.71	115
134	율촌화학	화학	중형주		0.45	4.34	365
135	아세아	서비스업	중형주		0.99	44.26	365
136	이엠코리아	KOSDAQ	KQ100 외		5.19	67.71	365
137	한솔로지스틱스	운수 창고업	소형주	1.26	0.91	139.18	183
138	제닉	KOSDAQ	KQ100 외	7.24	0.50	65.92	296
139	LIG손해보험	보험업	중형주	1.78	4.60	759.23	80
140	인터파크홀딩스	KQ100	KQ100	7.81	6.51	388.36	106

NO	종목명	업종명	규모명	BUY	SELL	회전율	보유일수
141	예스코	전기 가스업	소형주		0.30	1.80	365
142	태영건설	건설업	중형주	2.42	0.59	16.51	365
143	백산	화학	소형주		1.46	10.40	365
144	SKC	화학	중형주	16.91	0.92	173.38	272
145	SBS콘텐츠허브	KQ100	KQ100	2.08	0.99	25.69	365
146	SIMPAC	기계	소형주		0.87	3.47	365
147	텍셀네트컴	KOSDAQ	KQ100 외	3.44	0.16	80.63	305
148	한화	화학	대형주	7.99	1.79	166.14	184
149	우진	의료 정밀	소형주		0.51	7.31	365
150	SBS	서비스업	중형주	17.56		34.09	365
151	키움증권	증권	중형주	13.82	1.05	58.50	365
152	NICE	서비스업	중형주	7.37	0.31	213.98	105
153	한국토지신탁	KQ100	KQ100	22.30		257.96	228
154	대한해운	운수 창고업	중형주	9.75	0.92	142.09	365
155	카카오	KQ100	KQ100	6.90	4.99	109.84	363
156	대우조선해양	운수 장비	대형주	8.94	9.05	2,549.35	44
157	아주캐피탈	금융업	중형주		0.76	2.94	365
158	NH투자증권	증권	대형주		14.43	133.10	267
159	파인디지털	KOSDAQ	KQ100 외		0.17	1.97	365
160	GS홈쇼핑	KQ100	KQ100	6.42	2.29	102.48	337
161	한솔홀딩스	종이 목재	소형주	3.52	0.00	38.95	365
162	신세계I&C	서비스업	소형주		7.12	18.82	365
163	세아베스틸	철강 금속	중형주	5.03	0.89	43.63	365
164	조선내화	비금속 광물	중형주		0.27	2.86	365
165	NAVER	서비스업	대형주	12.93	11.91	388.65	98
166	동일산업	철강 금속	소형주		2.69	19.01	365
167	GS건설	건설업	중형주		5.76	48.94	354

NO	종목명	업종명	규모명	BUY	SELL	회전율	보유일수
168	아시아나항공	운수 창고업	중형주	8.47	1.35	118.48	331
169	고려제강	철강 금속	중형주		9.70	34.82	365
170	디엔에프	KOSDAQ	KQ100 외		0.45	3.92	365
171	한전기술	서비스업	대형주	35.80	12.99	252.81	252
172	동국산업	KOSDAQ	KQ100 외		1.43	8.43	365
173	골프존유원홀딩스	KQ100	KQ100	3.04	0.44	172.63	363
174	유니드	화학	중형주	0.53	0.00	0.73	365
175	LG이노텍	전기 전자	대형주		9.51	158.39	118
176	대한항공	운수 창고업	대형주	0.91	13.88	227.22	189
177	SBS미디어홀딩스	서비스업	중형주	6.97	0.60	34.24	365
178	SK이노베이션	서비스업	대형주	12.80	15.50	131.67	267
179	일진디스플	전기 전자	소형주	10.96	0.31	208.04	224
180	세아제강	철강 금속	중형주		1.20	8.75	365
181	신세계 인터내셔날	유통업	중형주		8.39	25.37	365
182	아이티센	KOSDAQ	KQ100 외	9.79		101.95	289
183	세원정공	운수 장비	소형주		0.01	0.04	365
184	AK홀딩스	서비스업	중형주	9.67	1.68	44.23	365
185	화천기공	기계	소형주		0.22	0.73	365
186	한진칼	서비스업	중형주	3.54	10.76	93.45	293
187	금호타이어	화학	중형주	23.22	3.90	109.41	303
188	흥아해운	운수 창고업	소형주	17.56	1.17	141.34	365
189	노루홀딩스	서비스업	중형주		4.21	6.57	365
190	NHN 엔터테인먼트	서비스업	중형주	14.91	10.98	160.24	365
191	제이브이엠	KQ100	KQ100	14.22		27.84	365

NO	종목명	업종명	규모명	BUY	SELL	회전율	보유일수
192	애경유화	화학	소형주		1.72	3.79	365
193	E1	유통업	중형주	0.13		0.23	365
194	팬오션	운수 창고업	중형주	57.33		183.56	154
195	메리츠종금증권	증권	중형주	32.21		143.21	273
196	금호석유	화학	대형주	15.80	4.40	77.59	365
197	씨젠	KQ100	KQ100	33.58	6.50	196.44	178
198	신라교역	미분류	중형주		0.36	0.85	365
199	현대하이스코	철강 금속	중형주	7.80		186.50	99
200	메가스터디	KQ100	KQ100	0.18	0.97	6.58	365
201	코라오홀딩스	미분류	KS미분류	7.26	0.88	39.92	365
202	SK브로드밴드	KQ100	KQ100	8.06	32.38	220.41	159
203	세방	운수 창고업	중형주	0.53		0.63	365

[⑤ 규모별 성과 분석]

[⑤-1] 보유 금액/비중, 매매 내역

(단위: %, 억 원, 일)

NO	규모명	보유 금액			보유 비중			BM 비중			ACTIVE BET			TRADING & HOLDING			운용일수
		TO	AVG	FROM	TO	AVG	FROM	TO	AVG	FROM	TO	AVG	FROM	BUY	SELL	회전율	
6	합계	1,748.80	1,430.22	969.38	100.0	100.0	100.0	100.0	100.0	100.0	0.00	0.00	0.00	1,336.46	1,081.95	84.55	365
1	중형주	1,107.86	874.38	531.28	63.35	61.14	54.81	59.73	60.13	60.45	3.62	1.01	-5.64	756.08	646.58	80.21	365
2	KQ100 외	115.82	95.06	56.33	6.62	6.65	5.81				6.62	6.65	5.81	60.65	34.17	49.87	365
3	대형주	146.56	109.14	71.07	8.38	7.63	7.33	10.00	10.00	10.00	-1.62	-2.37	-2.67	262.68	208.44	215.83	365
4	KQ100	160.92	133.26	106.24	9.20	9.32	10.96	10.00	10.00	10.00	-0.80	-0.68	0.96	184.02	148.42	124.73	365
5	KS미분류	10.68	12.69	11.18	0.61	0.89	1.15				0.61	0.89	1.15	25.14	2.61	109.30	365
6	소형주	206.96	205.67	193.28	11.83	14.38	19.94	20.27	19.87	19.55	-8.43	-5.49	0.39	47.90	41.72	21.79	365

[⑤-2] 수익률/투자 손익 및 기여도 분석

(단위: %, 억 원)

NO	규모명	RT	BM	BM(+)	배당금	배당수익률	처분손익	평가손익	투자손익	BM손익	BM손익(+)	손익비중	BM 손익(+)비중
6	합계	57.22	18.74	38.48	12.36	1.89	390.48	136.17	539.01	151.92	387.09	100.0	100.0
1	중형주	83.64	18.74	64.90	6.39	2.13	336.15	129.20	471.74	101.44	370.30	87.52	95.66
2	KQ100	15.74	18.74	-2.99	0.60	1.42	5.39	17.87	23.86	-1.39	25.25	4.43	6.52
3	KQ100 외	58.10	18.74	39.37	0.94	2.08	3.12	3.70	7.76	-10.52	18.28	1.44	4.72
4	대형주	32.85	18.74	14.11	1.15	1.06	33.99	1.72	36.85	39.47	-2.62	6.84	-0.68
5	소형주	8.18	18.74	-10.56	0.11	0.64	-0.10	-7.66	-7.65	-1.48	-6.17	-1.42	-1.60
6	KS 미분류	-29.53	18.74	-48.27	3.18	1.81	11.93	-8.66	6.45	24.39	-17.94	1.20	-4.64

[⑥ 자산군별 성과 분석]

[⑥-1] 보유 금액/비중, 매매 내역

(단위: %, 억 원)

NO	자산명	보유 금액			보유 비중 (A)			BM 비중 (B)			ACTIVE BET(A-B)			TRADING & HOLDING		회전율	운용일수
		TO	AVG	FROM	TO	AVG	FROM	TO	AVG	FROM	TO	AVG	FROM	BUY	SELL		
2	합계	1,762.70	1,465.78	980.28	100.0	100.0	100.0	100.0	100.0	100.0	-0.79	-2.43	-1.11	10,323.38	10,065.68	84.57	365
1	주식	1,748.80	1,430.22	969.38	99.21	97.57	98.89	100.0	100.0	100.0	-0.79	-2.43	-1.11	1,337.16	1,081.95	84.57	365
2	유동자산	13.90	35.56	10.90	0.79	2.43	1.11							8,986.22	8,983.74		365

[⑥-2] 수익률/투자 손익 및 기여도 분석

(단위: %, 억 원)

NO	규모명	RT	BM	BM(+)	배당/이자	배당수익률	처분손익	평가손익	투자손익	BM손익	BM손익(+)	손익비중	BM 손익(+) 비중
2	합계	54.25	18.74	35.52	12.88	1.89	390.48	136.17	539.52	156.53	382.99	100.0	100.0
1	주식	57.22	18.74	38.48	12.36	1.89	390.48	136.17	539.01	151.92	387.09	99.90	100.99
2	유동자산	1.00	18.74	-17.74	0.51				0.51	4.61	-4.09	0.10	-0.99

[⑦ 종목별 유동성 분석]

기준일 직전 20일 영업일 일 평균 거래량의 15%를 매각을 가정하면, 보유 종목 모두를 매각하면 65영업일(세방: 64.35일)이 소요됨.

20X7.12.31 현재/(단위: 억 원, 일)

NO	종목명	업종명	규모	수량	평가액	AVG Trade[11]	Trade Day[12]	5DAY	10DAY	15DAY	20DAY	25DAY	30DAY	30 DAY+
139		합계			1,748.80		64.35일	59.95%	73.14%	84.93%	86.24%	87.20%	89.19%	100.0%
1	세방	운수 창고업	중형주	219.459	37.09	22,737	64.35							CLEAR
2	아주캐피탈	금융업	중형주	186.030	11.96	23,131	53.62							CLEAR
3	신라교역	미분류	중형주	104.864	17.25	14,149	49.41							CLEAR
4	세원정공	운수 장비	소형주	48,073	10.34	6,600	48.56							CLEAR
5	E1	유통업	중형주	40,447	24.83	6,554	41.14							CLEAR
6	노루홀딩스	서비스업	중형주	112,591	27.58	19,328	38.84							CLEAR

11) AVG Trade: 기준일 직전 20일 영업일 일 평균 거래량 × 15%
12) Trade Day = 종목 총 수량 ÷ AVG Trade

NO	종목명	업종명	규모	수량	평가액	AVG Trade[11]	Trade Day[12]	5DAY	10DAY	15DAY	20DAY	25DAY	30DAY	30 DAY+
7	화천기공	기계	소형주	22,721	12.50	3,974	38.11							CLEAR
8	애경유화	화학	소형주	34,491	18.83	6,246	36.82							CLEAR
9	제이브이엠	KQ100	KQ100	51,698	28.69	10,692	32.24							CLEAR
10	유니드	화학	중형주	73,794	33.72	17,830	27.59						CLEAR	
11	예스코	전기가스업	소형주	21,418	7.87	6,235	22.90					CLEAR		
12	SIMPAC	기계	소형주	177.547	9.94	52,015	22.76					CLEAR		
13	S&T홀딩스	서비스업	중형주	77,972	22.88	30,445	17.07				CLEAR			
14	조선내화	비금속광물제	중형주	4,297	3.71	2,363	12.12			CLEAR				
15	동국산업	KOSDAQ	KQ100 외	197.731	7.53	114,567	11.51			CLEAR				
16	한국철강	철강금속	소형주	34,983	14.15	20,802	11.21			CLEAR				
17	S&TC	기계	소형주	49.416	14.70	29,569	11.14			CLEAR				
18	농심	음식료품	중형주	37,784	166.06	25,062	10.05			CLEAR				
19	태영건설	건설업	중형주	157.290	8.15	106,058	9.89		CLEAR					
20	메리츠화재	보험업	중형주	422,668	68.26	285,918	9.86		CLEAR					
21	티씨케이	KOSDAQ	KQ100 외	114.502	30.51	79,903	9.55		CLEAR					
22	SBS	서비스업	중형주	81,496	28.52	59,721	9.10		CLEAR					
23	신세계I&C	서비스업	소형주	12,114	11.91	9,925	8.14		CLEAR					
24	메가스터디교육	KOSDAQ	KQ100 외	8,531	5.26	7,219	7.88		CLEAR					
25	농심홀딩스	서비스업	중형주	9,992	15.39	8,962	7.43		CLEAR					
26	파인디지털	KOSDAQ	KQ100 외	59,681	3.34	53,618	7.42		CLEAR					
27	우진	의료정밀	소형주	43,099	3.22	39,772	7.22		CLEAR					
28	백산	화학	소형주	134.081	6.34	137.031	6.52		CLEAR					
29	율촌화학	화학	중형주	41,097	4.85	42,176	6.50		CLEAR					
30	디아이씨	운수장비	소형주	244.234	20.42	266,489	6.11		CLEAR					
31	고려제강	철강금속	중형주	22.168	8.45	25,729	5.74		CLEAR					

NO	종목명	업종명	규모	수량	평가액	AVG Trade[1]	Trade Day[2]	5DAY	10DAY	15DAY	20DAY	25DAY	30DAY	30 DAY+
32	아이티센	KOSDAQ	KQ100 외	43,931	6.06	51,316	5.71		CLEAR					
33	대웅	서비스업	중형주	17,716	10.03	21,641	5.46		CLEAR					
34	동일산업	철강금속	소형주	7,457	4.24	10,101	4.92	CLEAR						
35	한국제지	종이목재	소형주	3,494	1.22	4,739	4.92	CLEAR						
36	코리안리	보험업	중형주	199,347	28.21	308,602	4.31	CLEAR						
37	메가스터디	KQ100	KQ100	13,701	5.68	22,802	4.01	CLEAR						
38	나스미디어	KOSDAQ	KQ100 외	19,225	9.61	34,101	3.76	CLEAR						
39	한솔제지	종이목재	소형주	91,142	18.78	171,160	3.55	CLEAR						
40	에스엘	운수장비	중형주	50,020	8.63	97,300	3.43	CLEAR						
41	세아제강	철강금속	중형주	8,539	4.59	16,648	3.42	CLEAR						
42	한전기술	서비스업	대형주	103,239	35.72	207,773	3.31	CLEAR						
43	팬오션	운수창고업	중형주	1,258,735	46.45	2,790,000	3.01	CLEAR						
44	한화테크윈	기계	중형주	258,885	92.03	597,966	2.89	CLEAR						
45	이엠코리아	KOSDAQ	KQ100 외	50,452	2.40	123,213	2.73	CLEAR						
46	흥아해운	운수창고업	소형주	628,041	11.90	1,615,188	2.59	CLEAR						
47	넥센	서비스업	중형주	1,672	1.29	4,429	2.52	CLEAR						
48	대한해운	운수창고업	중형주	45,945	8.73	122,384	2.50	CLEAR						
49	LS산전	전기전자	중형주	35,940	16.53	96,914	2.47	CLEAR						
50	휴스틸	철강금속	소형주	6,320	0.97	17,946	2.35	CLEAR						
52	신세계 인터내셔날	유통업	중형주	11,381	11.67	32,494	2.34	CLEAR						
53	LG상사	유통업	중형주	82,154	27.77	236,099	2.32	CLEAR						

NO	종목명	업종명	규모	수량	평가액	AVG Trade[1]	Trade Day[2]	5DAY	10DAY	15DAY	20DAY	25DAY	30DAY	30 DAY+
54	한국토지신탁	KQ100	KQ100	736,521	20.84	2,132,747	2.30	CLEAR						
55	에코프로	KOSDAQ	KQ100 외	119,889	15.05	349,891	2.28	CLEAR						
56	실리콘웍스	KQ100	KQ100	34,931	13.45	103,453	2.25	CLEAR						
57	AK홀딩스	서비스업	중형주	23,549	14.88	73,218	2.14	CLEAR						
58	메리츠종금증권	증권	중형주	584,680	23.36	1,980,032	1.97	CLEAR						
59	키움증권	증권	중형주	24,741	15.34	86,523	1.91	CLEAR						
60	무림P&P	종이목재	소형주	52,904	2.64	184,679	1.91	CLEAR						
61	금호타이어	화학	중형주	212,495	14.30	776,427	1.82	CLEAR						
62	동운아나텍	KOSDAQ	KQ100 외	32,373	3.46	118,985	1.81	CLEAR						
63	풍산	철강금속	중형주	52,571	14.48	198,730	1.76	CLEAR						
64	종근당홀딩스	서비스업	소형주	11,048	12.26	41,790	1.76	CLEAR						
65	세아베스틸	철강금속	중형주	21,912	6.05	84,253	1.73	CLEAR						
66	대교	서비스업	중형주	37,249	3.32	144,966	1.71	CLEAR						
67	NICE	서비스업	중형주	25,364	5.52	101,342	1.67	CLEAR						
68	디엔에프	KOSDAQ	KQ100 외	25,675	4.06	106,345	1.61	CLEAR						
69	넥센타이어	화학	중형주	73,550	9.08	305,340	1.61	CLEAR						
70	S&T중공업	운수장비	중형주	24,440	3.35	102,217	1.59	CLEAR						
71	SKC	화학	중형주	45,193	15.28	194,571	1.55	CLEAR						
72	현대EP	화학	소형주	96,163	10.58	433,206	1.48	CLEAR						
73	유비쿼스	KOSDAQ	KQ100 외	43,250	5.10	201,646	1.43	CLEAR						
74	LS	서비스업	중형주	39,891	16.10	191,195	1.39	CLEAR						
75	대상	음식료품	중형주	48,452	15.80	238,425	1.35	CLEAR						
76	DGB금융지주	금융업	중형주	92,771	9.32	458,630	1.35	CLEAR						

NO	종목명	업종명	규모	수량	평가액	AVG Trade[1]	Trade Day[2]	5DAY	10DAY	15DAY	20DAY	25DAY	30DAY	30 DAY+
77	일진디스플	전기전자	소형주	127,630	6.97	638,789	1.33	CLEAR						
78	한섬	섬유의복	중형주	17,115	6.95	86,162	1.32	CLEAR						
79	한솔홀딩스	서비스업	소형주	73,884	5.11	383,533	1.28	CLEAR						
80	SBS 콘텐츠허브	KQ100	KQ100	39,813	6.01	209,804	1.27	CLEAR						
81	코라오홀딩스	미분류	KS 미분류	74,775	7.70	455,575	1.09	CLEAR						
82	아세아	서비스업	중형주	649	0.66	4,163	1.04	CLEAR						
83	제닉	KOSDAQ	KQ100 외	21,635	6.52	152,184	0.95	CLEAR						
84	금호석유	화학	대형주	21,811	11.36	158,965	0.91	CLEAR						
85	한화손해보험	보험업	중형주	38,094	2.97	293,474	0.87	CLEAR						
86	현대홈쇼핑	유통업	중형주	4,649	5.37	36,152	0.86	CLEAR						
87	한세실업	섬유의복	중형주	15,857	8.40	143,666	0.74	CLEAR						
88	한국타이어월드와	서비스업	대형주	16,629	2.91	156,193	0.71	CLEAR						
89	GS홈쇼핑	KQ100	KQ100	1,878	3.14	17,988	0.70	CLEAR						
90	OCI머티리얼즈	KQ100	KQ100	9,497	11.05	91,879	0.69	CLEAR						
91	한화케미칼	화학	대형주	181,572	49.39	1,801,984	0.67	CLEAR						
92	텍셀네트컴	KOSDAQ	KQ100 외	144,707	2.33	1,473,207	0.65	CLEAR						
93	포스코켐텍	KQ100	KQ100	10,978	1.50	115,413	0.63	CLEAR						
94	녹십자	의약품	중형주	4,458	8.16	48,839	0.61	CLEAR						
95	씨젠	KQ100	KQ100	41,554	15.73	478,380	0.58	CLEAR						
96	한미사이언스	서비스업	중형주	42,716	55.10	518,729	0.55	CLEAR						
97	동국제강	철강금속	중형주	27,638	1.59	362,935	0.51	CLEAR						
98	현대증권	증권	중형주	115,330	7.48	1,529,728	0.50	CLEAR						
99	메디톡스	KQ100	KQ100	3,848	19.73	51,422	0.50	CLEAR						

NO	종목명	업종명	규모	수량	평가액	AVG Trade[1]	Trade Day[2]	5DAY	10DAY	15DAY	20DAY	25DAY	30DAY	30 DAY+
100	대한유화	화학	중형주	4,451	7.66	60,848	0.49	CLEAR						
101	예스24	KOSDAQ	KQ100 외	15,475	1.42	224,584	0.46	CLEAR						
102	서연	서비스업	소형주	13,132	1.67	192,711	0.45	CLEAR						
103	현대제철	철강금속	대형주	26,180	13.08	401,131	0.44	CLEAR						
104	CJ오쇼핑	KQ100	KQ100	2,269	4.33	35,542	0.43	CLEAR						
105	CJCGV	서비스업	중형주	8,551	10.77	152,998	0.37	CLEAR						
106	파마리서치프로덕	KOSDAQ	KQ100 외	7,899	5.77	156,285	0.34	CLEAR						
107	한온시스템	기계	대형주	7,930	4.12	166,670	0.32	CLEAR						
108	CJE&M	KQ100	KQ100	19,164	15.45	418,373	0.31	CLEAR						
109	오스템임플란트	KQ100	KQ100	8,900	7.21	194,400	0.31	CLEAR						
110	대웅제약	의약품	중형주	4,892	3.48	106,927	0.31	CLEAR						
111	아시아나항공	운수창고업	중형주	105,436	4.88	2,449,780	0.29	CLEAR						
112	한화	화학	대형주	11,441	4.51	275,710	0.28	CLEAR						
113	에스앤에스텍	KOSDAQ	KQ100 외	11,740	1.04	307,147	0.25	CLEAR						
114	인터로조	KOSDAQ	KQ100 외	1,455	0.55	39,045	0.25	CLEAR						
115	삼양홀딩스	서비스업	중형주	1,450	2.31	39,806	0.24	CLEAR						
116	종근당	의약품	중형주	4,322	4.15	131,196	0.22	CLEAR						
117	한미약품	의약품	중형주	7,277	52.98	225,064	0.22	CLEAR						
118	하나투어	서비스업	중형주	3,174	3.65	107,192	0.20	CLEAR						
119	한라홀딩스	서비스업	중형주	2,160	1.39	75,669	0.19	CLEAR						
120	NHN엔터테인먼	서비스업	중형주	8,906	5.07	314,654	0.19	CLEAR						
121	주성엔지니어링	KOSDAQ	KQ100 외	14,439	1.14	538,347	0.18	CLEAR						
122	한국타이어	화학	대형주	8,797	4.14	365,167	0.16	CLEAR						
123	한국전력	전기가스업	대형주	24,455	12.23	1,054,210	0.15	CLEAR						

NO	종목명	업종명	규모	수량	평가액	AVG Trade[1]	Trade Day[2]	5DAY	10DAY	15DAY	20DAY	25DAY	30DAY	30 DAY+
124	스카이라이프	서비스업	중형주	4,619	0.80	201,812	0.15	CLEAR						
125	크루셜텍	KOSDAQ	KQ100 외	11,211	1.76	656,730	0.11	CLEAR						
126	케이씨텍	의료정밀	소형주	3,567	0.40	218,547	0.11	CLEAR						
127	현대엘리베이	기계	중형주	3,550	2.14	252,160	0.09	CLEAR						
128	비아트론	KOSDAQ	KQ100 외	3,472	0.77	323,304	0.07	CLEAR						
129	카카오	KQ100	KQ100	5,808	6.73	615,071	0.06	CLEAR						
130	JB금융지주	금융업	중형주	4,097	0.23	449,752	0.06	CLEAR						
131	삼성SDI	전기전자	대형주	3,269	3.73	373,915	0.06	CLEAR						
132	롯데케미칼	화학	대형주	1,554	3.78	183,285	0.06	CLEAR						
133	한국정보인증	KOSDAQ	KQ100 외	17,602	1.91	2,139,794	0.05	CLEAR						
134	골프존유원홀딩스	KQ100	KQ100	4,078	0.29	510,057	0.05	CLEAR						
135	OCI	화학	대형주	2,136	1.60	293,605	0.05	CLEAR						
136	아이원스	KOSDAQ	KQ100 외	831	0.23	121,702	0.05	CLEAR						
137	인터파크홀딩스	KQ100	KQ100	2,291	0.25	586,181	0.03	CLEAR						
138	코리아오토글라스	비금속광물	KS 미분류	19,120	2.98	6,898,543	0.02	CLEAR						
139	메디포스트	KQ100	KQ100	865	0.84	324,104	0.02	CLEAR